“最美中国”丛书(第二版)

最美的思想

莫幼群 著

合肥工業大學出版社

图书在版编目(CIP)数据

最美的思想/莫幼群著．—2版．—合肥：合肥工业大学出版社，2017.12

(最美中国丛书)

ISBN 978-7-5650-3754-2

Ⅰ.①最… Ⅱ.①莫… Ⅲ.①思想史—中国—通俗读物 Ⅳ.①B2-49

中国版本图书馆 CIP 数据核字(2017)第 325254 号

最美的思想

莫幼群　著　　　　责任编辑　朱移山　张　慧

出　版	合肥工业大学出版社	版　次	2011 年 12 月第 1 版
地　址	合肥市屯溪路 193 号		2017 年 12 月第 2 版
邮　编	230009	印　次	2017 年 12 月第 3 次印刷
电　话	总　编　室:0551-62903038	开　本	710 毫米×1000 毫米　1/16
	市场营销部:0551-62903198	印　张	11　　字　数　147 千字
网　址	www.hfutpress.com.cn	印　刷	安徽昶颉包装印务有限责任公司
E-mail	hfutpress@163.com	发　行	全国新华书店

ISBN 978-7-5650-3754-2　　　　定价：30.00 元

序

赵　焰

一直以为，中国传统文化的精髓，从时间上说，是在明朝之前的。明朝之前，占据社会主流的，是清明理性的孔孟之道。崇尚自然、游离社会的道学，作为主流思想的补充，与儒学一起“相辅相成”、“一阴一阳”，使得社会主流思想具有强大活力。从总体上来说，中国文化的源头，无论是周公、老子、孔子，还是后来的诸子百家，比如说孟子、荀子、庄子、韩非子、墨子等等，都对人生保持清醒、冷静的理性态度，保持孔子学说实践理性的基本精神，即对待人生、社会的积极进取精神；服从理性的清醒态度；重实用轻思辨、重人事轻鬼神的思维模式；善于协调，讲究秩序，在人伦日用中保持满足和平衡的生活习惯……中国文化的源头如此，决定了汉民族的心理结构和精神走向，包括汉民族理想追求、文化风格以及审美倾向。

中国文化在明朝之前，占据社会主流的，是高蹈的士大夫精神。最显著的表现在于：人们遵从天地人伦之间的道德，有高远的理想，讲究人格的修炼，反对人生世俗化，鄙视犬儒的人格特征。从春秋时代起，中国知识分子一直以“修身齐家治国平天下”为人生使命，以追求道德、知识和审美为人生归宿。比如说孔子，从他的言语来看，更像是倡导一种人生价值观，追求人生的美学意义。又比如说庄子，他的学说，不像是哲学，更像是一种生活美学：道是无情却有情，看似说了很多超脱、冷酷的话，实际上透露出对于生命、本真的眷恋和爱护，要求对整体人生采取审美观照态度，不计功利是非，忘乎物我、主客、人己，以达到安详和宁静，让自我与整个宇宙合为一体。这种贯穿着士大夫精神的人生价值观，让人忘怀得失摆脱利害，超越种种庸俗无聊的现实计较和生活束缚，或高举远蹈，或怡然自适，或回归自然，在前进和后退中获得生活的力量和生命的意趣。这就是中国历代士大夫知识分子一以贯之的艺术清洁精神。英国大哲学家罗素曾经说："在艺术上，他们（中国人）追求精美，在生活上，他们追求情理。"这是说到关键了。

中国人的生活哲学就是如此，一方面高旷而幽远，另一方面也连着"地气"，是自发的浪漫主义和自发的经典主义的结合。道家是中国人思想的浪漫派，儒家是思想的经典派。当东汉年间佛教传入之后，这种以出世和解脱为目的的宗教体系遭到了儒学和道教的抵抗，从而消解了印度佛教中很多寡凉的成分。经过"中庸之道"的过滤，其中极端的成分得到了淡化，避免了理论或实践上的过火行为。也因此，一种中国特色的佛教观产生了，佛教在中国更多变身为"生活禅"，变成一种热爱生活创造人生的方式。中国人一方面避免了极端的"出世"之路，另一方面，由于心灵的滋养、美智的开发，使得东汉魏晋，包括后来的南北朝、隋唐、五代十国以及唐宋元产生了很多高妙的艺术，"艺术人生"的观念也随之如植物一样葳蕤生长。可以说，这些朝代，是中国最具审美价值、最开人们心智、也最出艺术珍品的年代。也因此，很多艺术种类都在这个阶段达到了高峰，比如说唐诗、宋词、元曲、书法、绘画、音乐、舞蹈等等，它们洋溢着一种高蹈的精神追求，境界高远，洁净空旷，如清风明月，如古松苍翠。从审美上看，由于存有或明或暗的观照，存有人格与事物的交融，主题得到了提升，感悟与生命同在，境界与天地相齐，一种深远的"禅意"油然而生……从总体境界上来看，这一阶段的各类艺术形式，因为主题和境界的破对立、空物我、泯主客、齐生死、反认知、重感悟、亲自然、寻超脱等等，达到了各自的高峰。它们是最能代表中国文化精髓的。

中国的艺术到了明清之后，有低矮化的倾向。当时，由于社会形态的变化，专制制度进一步严酷；加上统治者出身和教育的局限，以及愚民政策的目的，整体文化和审美呈低俗化的倾向，社会和人生的自由度越来越窄，艺术的想象空间越来越逼仄，艺术作品的精神高度下降。随着"程朱理学"和科举制度的推行，人们的想象力、创造力被扼制，审美弱化，艺术更趋"侏儒化"、

“弱智化”。大众普罗的喜好抬头，刚正不阿的风骨软化，崇尚自由、自然、提升的审美精神也在丧失。不过尽管如此，在明清时代的中晚期，那种崇尚自然、物我两忘的高贵精神仍时有抬头，一批有着真正艺术精神的独立艺术作品或有出现。尽管如此，士大夫精神已不是艺术美和生活美的主旋律，它只是一种空谷幽兰的生命绝响。

近现代之后，由于社会动荡，战乱连连，再加上西方现代化所导致的实用主义、功利主义的渗入，中国的文学艺术遭到了进一步摧残，传统的艺术精神更进一步沉沦。艺术的政治化倾向、实用主义倾向和世俗主义倾向抬头，这直接导致了真正的艺术精神缺失、艺术的品位下降，高蹈精神向世俗俯首，自然和自由变身为功利和实用，士大夫精神更是变身为犬儒主义。中国近现代上百年的屈辱和战乱，更使得中国自古以来高洁的审美观变得扭曲和肤浅：黄钟大吕变成田野俚语，布衣青衫变成了披红挂绿，古琴琵琶变成了锣鼓鞭炮，洁身自好变成了争相取宠，安详宁静变成喧哗骚动，幽默风趣变成庸俗不堪……如果说是与非、美与丑是人类最基本标准的话，那么，很长一段时间里，这种基本标准都在丧失，很多人已分辨不了是与非，也分辨不了美与丑。“文革”时期八个脸谱化的样板戏在左右着中国人的全部精神生活，这样的现象，又何尝不令人扼腕叹息！

如果说中国当代教育存在着诸多问题的话，那么，以我的理解，当代教育最大的问题，甚至不是传统丢失、精神扭曲以及弱智低能，而是在美育上的缺失。很多年来，人们丧失了一些最基本的判断，不知道什么是美的，什么是丑的；很多人将美当成丑，将丑当成美，从而失去了美的方向性。这一点，只要观察我们周围的人们，就可以得出结论——在我们的周围，到处都是对于生活没有感觉、对于美丑没有鉴别的人。他们所拥有的，只是功利，只是物质，只是金钱，只是对美丑的弱智的鉴别和判断。这些人不仅仅是一些未受过良好教育的人，甚至一些貌似受过良好教育的人也是这样——他们虽然拥有很高的学历，有很好的教育背景，但在美丑的辨别力，以及对于艺术、心灵的觉察力、感悟力和理解力上，同样表现得能力低下、缺乏常识。这样的现象，实际上是我们多年以来的教育缺乏美育、缺乏精神导向的结果。一个人的审美，是与道德和智慧联系在一起的，审美的缺失，实际上也是道德和智慧的缺失。一个对美缺乏判断力的人，很容易在人生中缺乏动力和方向，也很容易被民族主义、法西斯主义、极端主义、工业主义所奴役，成为过度现代化的牺牲品。在很多时候，这种人不可能是一个丰富的生命，只是一架精神匮乏的机器。

现在，这一套由合肥工业大学出版社精心组织的“最美中国丛书”，似乎在某种程度上，弥补了一些“寻根”和美育上的缺失。这一套书的第一辑共十本，它们分别是：《最美的思想》《最美的品格》《最美的女性》《最美的诗歌》《最美的文辞》《最美的书画》《最美的宝藏》《最美的乐舞》《最美的风物》《最美的民俗》，旨在于“重建中国优美形象，重构华夏诗意生活”，通过对古代思想、伦理道德、文学艺术、风景民俗等的重新梳理，重新发现中国特有的美，倾情向世人推介这种美，以期真正的美得到传承。这套书知识精准，图文并茂，力求童趣与大美的融合、悦目和感人的统一。对于正在成长的青少年来说，这一套书，应是一个不错的选择，最起码它可以让人们知道，什么是中国的最美，什么是中国真正的美。

上个世纪初，著名教育家蔡元培先生曾经提出过著名的“五育并举”教育方针，“五育”为：军国民教育、实利主义教育、公民道德教育、世界观教育、美感教育。其中，美感教育尤其有特色，蔡先生还以“以美育代宗教”的口号闻名于世。在蔡元培看来，美育是宗教的初级阶段，对于没有宗教传统的中国人来说，美育教育是一种基础，并且相对于宗教，美育更安全，更普及，也更为人接受。美育可以培育出道德是非的基础，培育出向上的力量。虽然蔡元培的这一观点引起过一番争论，但对于一个人来说，有美的熏陶，有对于美丑的正确判断，怎么都不能说是一件坏事。并且，美与是非，与善恶，与道德，与人类的心灵，与这个世界的根本，是联系在一起的。以对美的判断和感知为出发点，了解中国历史，了解中国文化，了解中国人曾经的艺术生活，了解一个民族的内心世界；从而进一步了解世界，了解世界的规律，与身边的一切做到和谐相处，都是大有好处的。

也许，这套书的意义就在于此。

目 录

大禹：水的智慧

古人依水而居，近水而耕，逐水而牧。但对于人类来说，水既是恩物，又是祸物。翻开中国历史，映入眼帘的是一幅古代人民与水患作斗争的漫漫长卷。

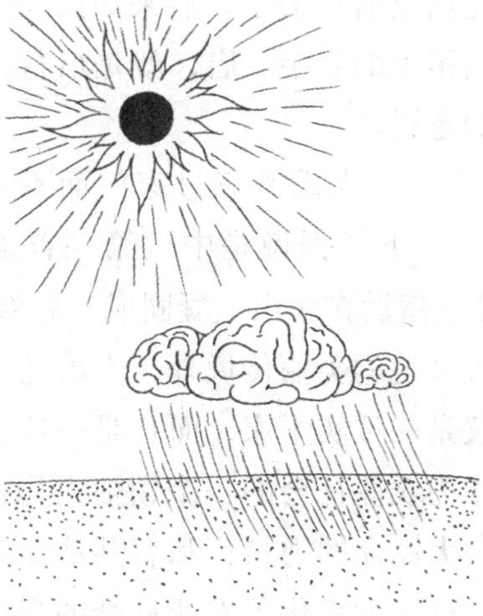

云，水，花，树，还有人的思想，

这些都是太阳底下最美的风景。

战争造就英雄，治水同样造就英雄。在中国历史上涌现的治水英雄中，大禹是最早的一位，也是最闪光的一位。他奠定了中国古代的治水模式和治水格局，并在很大程度上影响了中国古代的政治模式和政治格局。

据说在尧执政的时候，黄河连年泛滥，大水冲毁了村庄、房屋，淹没了土地。尧决心治水，为民消除灾难，就召开部落联盟首领会议。各部落首领推选鲧领导治水。鲧采用的方法是筑堤防水。但今天刚筑好的堤坝，明天就被大水冲垮了。这样，鲧治水9年没有成功，反而淤塞了河道，使以前没有泛滥的地方，也泛滥起来。舜即位后杀了鲧，又根据众人的推选，派鲧的儿子禹领导治水。

大禹忍着父亲治水失利而亡的耻辱，带领民众继续与大自然搏斗。他总结了父亲的经验教训，改筑堤防水为开凿渠道，把洪水疏导出去。大禹"手执耒锤，以民为先"，亲自参加劳动，经过十几年的艰苦斗争，疏通、开凿了许多条河床渠道，终于把洪水引入大河，再由大河引入大海。这就是传说中的"禹疏九河"。

大禹出身于夏部落，他的妻子是南方涂山地区的一位女子。婚后4天，大禹便离家治水去了。后来涂山氏生了一个儿子，取名叫启，这是大禹留下的名字。启，就是启行，是纪念大禹为根治洪水启程上路的意思。

在治水的13年中，大禹曾三过家门而不入。相传，涂山氏在漫长的思念中，写下了据说是中国第一首爱情诗——《候人歌》："候人兮猗！"然后在涂山上凝固成一尊望夫石。

除了这些感天动地的美丽传说外，大禹还留下了许多宝贵的精神财富。他不仅是一位实干家，而且是一位有着大智慧的思想家。首先，大禹作为农业社会的一个领袖人物，懂得采取一定的组织形式，调动广大民众的力量，和衷共济地完成治水这一农业社会的头等大事。这大大强化了农业社会的凝聚力，强化了民众对于领袖人物的信任和崇拜，在客观上有助于原始的政权组织形式由雏形慢慢走向成熟。据《尚书·五子之歌》记载，大禹曾说过"民可近不可下，民惟邦本，本固邦宁"这样的话，意思是说民众可以亲近，不可以轻慢鄙视。这应该算是中国最早的民本思想。

其次，大禹"以疏为主"的治水模式不仅实用，同时具有深邃的哲学内涵，因势利导，顺其自然，既启发了老庄等人的道家哲思，又成为中国古代政治智慧中重要的组成部分之一。可以说，中国古代政治智慧中重要的一部分就是“水的智慧”，无论是正面的“水能载舟亦能覆舟”，还是负面的“防民之口甚于防川”，都能看见水的光影，听见水的声响。

大禹治水成功，使他建立了极高的威望。当舜年老时，众人一致推举禹为部落联盟的首领。禹接位后，中原各部落逐步形成以夏族为中心的领导集团。禹在这个集团中的地位已初具王权性质。他让治水时专司刑罚的皋陶制定了一些规定，各氏族部落如有不听号令者，就要以刑罚来惩办。禹还有组织地对不听教化、多次叛乱的苗族进行征伐，打败了苗军，打死了三苗酋长，势力范围达到江淮流域。

为了进一步巩固统治，大禹把全国分为多个州进行管理，他还到南方巡视，在涂山（今安徽蚌埠市西）约请诸侯相会。涂山大会上，各方诸侯都带来了朝贺的礼物，大国献玉，小邦献帛。大禹接受朝贡后，对各诸侯又重加赏赐，并申明贡法，要求务须按照规则缴纳。同时，大禹也表示要竭力保护各诸侯国的权利，使其不受邻国的侵犯。为纪念这次盛会，大禹把各方诸侯部落酋长们送来的青铜铸成九个鼎，象征统一天下九州。这鼎也成为夏王朝之象征。

大禹是夏王朝的奠基者，是继炎黄以后的又一华夏人文初祖。当然，在他那个时代，英雄形象都是“半人半神”和“全知全能”的，大禹也不可避免地经历了一个逐渐被神化的过程。甚至连孔子颂扬禹的功德时都说：“我简直找不到他的一点缺点，他的宫室简陋却没有想到改善，而是尽全力平治水土，开沟洫，发展农耕，鼓励人民从事劳动。”对于大禹的神化，寄寓着古代民众和知识阶层对统治者的理想。

管仲：文明大使

用今天的话来说，孔子不仅是大思想家，而且也是大时评家。他对于当世人物的点评是极为精准的，真可谓“一针见血”。

孔子曾称赞管仲：“微管仲，吾其被发左衽矣。”意思是：管仲辅助齐桓公做诸侯霸主，一匡天下。要是没有管仲，我们都会披散头发，左开衣襟，成为蛮人统治下的老百姓了。这话初听起来有点夸张，实际上点出了管仲的最大功绩：华夏民族的文明化进程之所以没有断裂，他是首屈一指的功臣。

站在我们今天的角度来看，管仲不仅维护了华夏文明的延续，而且使之进一步地文明化、礼仪化，这是以他先进的文明思想为基础的。而管仲的文明思想，集中地体现在“仓廪实则知礼仪”这一论断上。

管仲已经能够比较清楚地认识到物质文明和精神文明之间的关系。他注重物质文明的建设，把富民放到首位，“治国之道，必先富民”，这是他率先提出来的。他以极其敏锐的洞察力，看到了一个社会稳定和发展的根源，是首先要解决人们的基本生存问题。

古代，国民经济非常单一，农业生产一直是国民经济的支柱产业。而管仲比其他思想家更高明、更睿智的地方在于，他不仅重视农业生产，也十分重视工商业。正因为如此，齐国才一跃成为最富有的国家，为称霸奠定了雄厚的物质基础。

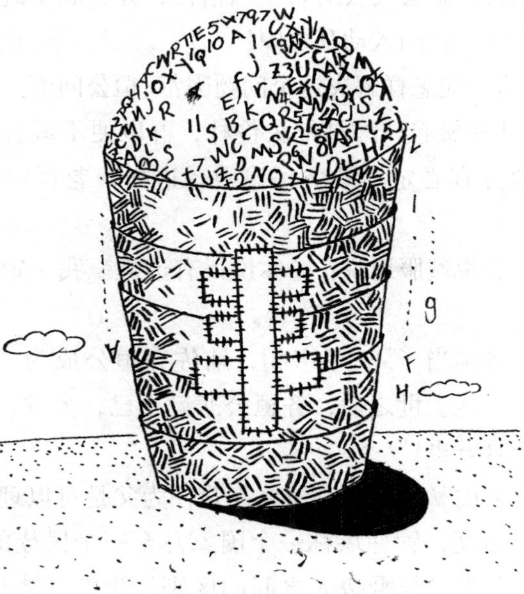

仓廪实则知礼仪，衣食足而知荣辱。 ——管 仲

接着管仲又指出："仓廪实则知礼仪，衣食足而知荣辱。"这就是说，老百姓的粮仓满了，丰衣足食了，就会知书达理，分清荣辱，国家也就会兴旺发达，长治久安。

管仲认为，建设精神文明还得从国君开始。首先，国君要带头清廉，养成节俭的好风气；第二，国君要以天下人的利益为重，不可一味沉溺于个人享受。

一天，齐桓公向管仲请教："国君要尊敬什么？"

管仲言简意赅地回答："要尊敬天。"

桓公还真听话，他马上抬起头来仰望天空。

管仲说："我说的天，可不是指无边无际的苍天，而是指天下的百姓。老百姓称颂国君，社会就会安宁；老百姓帮助国君，国家就会富强。要是老百姓说君主不好，那就危险了；老百姓一旦不信任君主了，国家就会灭亡。"

桓公说："有这么严重吗？"

"当然啦，"管仲说道，"譬如社会上的奢侈之风，如果不坚决刹住，老百姓就会失去对君主的信任，并且起来赶走那些贪官污吏，从而使社会陷入动乱之中！”

“依你看，应怎样解决这个问题呢？”桓公问道。

“这要从您做起。国君带头俭朴，群臣便不敢奢侈；群臣一旦清廉，地方官必定不敢贪污腐败。这样，老百姓就满意了。”管仲说道。

齐桓公心悦诚服地说：“你说得有道理。我一定按照你的意见去做。”

管仲在齐国当了40年宰相，辅佐齐桓公成为“春秋五霸”中的第一人。他去世之后，齐桓公悲恸不已，大呼：“哀哉，仲父！是天折吾臂也！”

从齐桓公的私心角度，他尊称管仲为父是可以理解的；而从整个天下的角度，管仲堪称一个国家乃至一个民族的文明大使。培根说：“文明人与野蛮人之间的区别，几乎是神与人的区别。而这个区别不是从土壤来的，不是从气候来的，也不是从种族来的，而是从学术来的。”管仲，正是一个既有“学”又有“术”、既有思想又有办法的人。

老子：大道无言

老子是道家学派的宗师，孔子是儒家学派的宗师。公元前538年的一天，这两大宗师曾有一次重要的会面，这也是中国思想史上的一件大事。

当时孔子才34岁，而老子比他大30多岁，已经是德高望重的大学者。所以，孔子恭恭敬敬地向老子请教包括“礼”在内的许多问题，并且深受教益。回来后，孔子在弟子面前赞美道：“我知道鸟能飞，但常被人射下来；我知道鱼能游，但常被人钓出来；我知道猛兽会奔走，但依然常落入罗网陷阱。只有龙不是我们所能知晓的了：它能云里来、风里去，变幻莫测，无人能识其全貌。这次见到老子，他远远超出我的想象。我想，老子大概就像龙一样吧！”

老子的思想，的确有一种“神龙见首不见尾”的玄奥，有一种朦胧诗般的曼妙美感。他是中国式智慧的一座高峰，也是世界思想史上的一座奇峰。他的著作《道德经》在世界上有上千种译本，是全部中华典籍中翻译得最多的。

老子的智慧也不是天生的，同样经过了一番苦苦寻道的过程。在年轻的时候，他也和孔子一样四处求教，曾经有一个叫常枞的民间高人给了他关键性的指点。据说，常枞有病，老子前往探视，问道：“先生病得这样厉害，有什么要教导学生的呢？”常枞说：“你即使不问，我也要告诉你，经过故乡要下车，你知道吗？”老子回答说：“经过故乡要下车，不是说的不忘故土吗？”常枞高兴地说：“啊，是这样的。”常枞又问：“经过高大的树木要快步走，你知道吗？”老子回答说：“经过高大的树木要快步走，不是说的要敬重老人吗？”常枞高兴地说：“啊，是这样的。”这时，常枞张开嘴，面对老子说：“我的舌头还在吗？”老子看了看说：“在。”“我的牙齿还在吗？”老子看了看说：“没有了。”“你知道其中的道理吗？”老子回答说：“舌头的存在，难道不是因为它的柔软吗？牙齿的失去，难道不是因为它的强硬吗？”常枞欣喜地说：“呀，是这样。天下的道理你已经全部了解了，我没有什么要告诉你的了。”

上善若水，水善利万物而不争，此乃谦下之德也。

——老子

两个人的对话真是充满着玄妙。老子后来又把自己的思想向“更玄处”发展，光是一个“道”字，就让人大费思量。老子说：“道生一，一生二，二生三，三生万物。”世界上的万事万物，都是由“道”而来的。但他又说：“道可道，非常道。”道可以说出来，但通过人们口中说出的道，并不是真正的道，真正的道是说不出来的。这表明，老子所说的道，是一种恍恍惚惚、不可捉摸、难以名状的东西。这种神秘而又玄虚的东西无所不在，但人们又很难用准确的语言来描述它。由于它创造了世界上的万事万物，所以人们应该把它当做宇宙中的最高准则。“道家”的“道”字，也就是因此而得名的。

古人常言：“仁者乐山，智者乐水。”用今天通俗的话来说，山是儒家的吉祥物，而水是道家的吉祥物。老子认为，水的德行是最接近于道的。他说：“上善若水，水善利万物而不争，此乃谦下之德也；故江海所以能为百谷王者，以其善下之，则能为百谷王。天下莫柔弱于水，而攻坚强者莫之能胜，此乃柔德；故柔之胜刚，弱之胜强坚。因其无有，故能入于无间，由此可知不言之教、无为之益也。”

在老子看来，上善的人，就应该像水一样。水造福万物，滋养万物，却不与万物争高下，这才是最为谦虚的美德。江海之所以能够成为一切河流的归宿，是因为它善于处在下游的位置上，所以成为百谷王。

世界上最柔的东西莫过于水，然而它却能穿透最为坚硬的东西，没有什么能超过它，例如滴水穿石，这就是“柔德”所在。所以说弱能胜强，柔可克刚。

不见其形的东西，可以进入到没有缝隙的东西中去，由此我们知道了“不言”的教导，“无为”的好处。

从“无为”这一核心理念出发，在政治方面，老子强调的是“无为而治”。他说，圣人治理天下，一定要使自己像婴儿一样纯真。如果君主没有欲望，不去强迫百姓为自己做事，百姓自然也就安适了；如果君主喜欢清静，不去烦扰百姓，百姓的行为自然端正；如果君主不奢华浪费，百姓的生活自然也就富足，民风自然也就淳朴。社会为什么会出现长时期的动乱，就是因为君主的欲求太高了。

在个人修养方面，老子推崇的是“虚静无为”。古希腊哲学家亚里士多德曾说过：“幸福无论是存在于快乐，还是存在于德行，还是兼存于这两者，往往总是从那些在心灵与性格上有着高度的教养但却只有适度财富的人们身上才能找到，而不是在那些具有多得无用的财富却缺少高尚品质的人身上找到的。”老子同样反对过分的物质追求和感官享受，说“五色令人目盲，五音令人耳聋”，认为只要能满足基本的衣食需求就可以了，精神世界的安宁和富足才是真正的幸福。他自甘淡泊，讲求虚静，主张抵御外界的物质诱惑，保持人所固有的灵性、理性、悟性，从而达到返璞归真、平淡悠远的境界，获得精神上的真正满足。这也就是后来诸葛亮所说的“非淡泊无以明志，非宁静无以致远”。

由此可见，老子说的“无为”，并不是无所作为，而是“无为而无不为”。

《道德经》可谓字字珠玑、句句真理，以简洁优美的五千余字，构造出了一个朴素、自然、豁达、飘逸的思想体系，像婴儿眼睛一样清澈明亮，又像潭水一样深不可测。有时我们自认为抓住了老子思想的精髓，其实只是捕捉到了其中一小片闪光的鳞甲，而整个龙的身躯还在更深的云雾之中。或许我们应该牢记老子“知者不言，言者不知”的教导，在这五千字面前保持沉默，但谁又能抗拒解读这千古传诵的“朦胧诗”的诱惑呢？

晏婴：达者无敌

公元前548年，齐国大夫崔杼杀死齐庄公，立庄公弟杵臼为君，也就是齐景公。为了树立权威，崔杼把文武大臣都驱赶到太公庙上，逼迫大家歃血为盟，表示效忠于他。稍有违迕，即被处死。已经杀了七个人，气氛十分恐怖。

轮到宰相晏婴了。只见他从容举杯，对天盟誓："我只忠于君主和国家。凡为虎作伥、助纣为虐者均不得好死!"说罢，一饮而尽。崔杼恼羞成怒，恶狠狠地用剑顶着晏婴的胸膛，要他重新发誓。晏婴毫不畏惧，厉声回答："崔杼，你读过《诗经》吗？诗曰：'莫莫葛藟，延于条枚，凯弟君子，求福不回。'不管你是用刀砍头，还是用剑穿胸，我晏婴决不屈服!"崔杼怒不可遏。这时，身边的一个心腹悄悄地对他说："千万使不得！您杀庄公，是因为他无道，国人反应不大，您如果杀了晏婴，那可就麻烦了。"崔杼无可奈何，咬牙切齿地看着晏婴拂袖而去。

晏婴登上马车，车夫立刻快马加鞭，赶紧离开是非之地，以防不测。晏婴若无其事地对车夫说："安稳一点，不要失态。快了不一定就有活路，慢了也不见得就会死。鹿生长在山上，可是它的命却掌握在厨师那里。如今，我也像鹿一样。"晏婴一路平安到家，最终也没遭到什么迫害。从这件事可以看出，有大气魄的晏婴，实在是后来号称"魏晋风度"的谢安等名士的楷模。

而齐景公坐稳王位之后，也希望能够有一番作为，光复先君齐桓公的伟业。于是，他召来宰相晏婴请教如何兴国安邦。晏婴听后沉吟片刻，说道："臣陪大王微服察访一下民情，回来后再议兴国大计，如何?"齐景公本来就轻国事而重享乐，见晏婴要陪自己微服私访觉得很新鲜，便同意了。

君臣二人来到都城临淄的一个闹市，走进了一家鞋店。鞋店摆放着各种各样的鞋子，品种齐全，但是生意清淡，却有不少人在买假脚。齐景公不解地问店主，店主神色凄然地说："当今国君滥施酷刑，动辄对人处以刖刑，很多人被砍去了脚，不买假脚如何劳动和生活呢?"齐景公听罢内心很不是滋味。回宫的路上，晏婴见齐景公闷闷不乐，知道刚才看到的那一幕对他刺激不小，于是说道："先君桓公之所以建树了丰功伟业，是因为他爱恤百姓，廉洁奉公，不为满足欲望而多征赋税，不为修建宫室而乱役百姓；选贤任能，国风清正。君臣戮力同心，才取得了雄视天下的地位。如今大王亲小人，远贤良，百姓……"没等晏婴讲完，齐景公便打断了他的话："相国不必说了，寡人已经明白了。寡人也要效法先君，光大宗祠社稷。"

又有一次，晏婴和齐景公及群臣到故纪国的纪地游览，手下人无意中捡到了一个精美的金壶，壶的里边还刻着"食鱼无反，勿乘驽马"八个大字。齐景公看了看，故作聪明地解释道："吃鱼不吃另一面，是因为讨厌鱼的腥味；骑马不骑劣马，是嫌它不能跑远路。"众人无不随声附和，赞叹景公理解深刻。晏婴在一旁默然良久后说道："臣觉得这八个字里面包含的是治国的道理。'食鱼无反'是告诫国君不要过分压榨百姓；'勿乘驽马'是告诫国君不要重用那些无德无才的人。"齐景公有些不服，于是反问："纪国既然有这么好的名言，为什么还亡国了呢?"晏婴答道："臣听说，君子们的主张应该高悬于门上，牢记不忘。纪国却把名言放在壶里，不能经常看见并且对照去做，能不亡国吗?"齐景公若有所悟，频频颔首，并对随从的大臣说道："大家要记住金壶里的格言。"

这两个故事可以看出晏子所具有的浓烈的"爱民"思想。在君主制的国家里，这种意向势必常与国君发生冲突，于是劝谏就成为贤相的第一要务。但这又并非单凭勇气就能办到，还要讲究策略，否则就会导致“文死谏”的悲剧。《晏子春秋》里记载了近百条晏婴劝谏齐景公的故事，通过这些故事我们看到，他的思想里充满了智慧，他的语言也极有特色，或锋芒毕露，或非常含蓄；或严肃庄重，或滑稽幽默。他能根据不同的时间环境、不同的事件特点和君王在不同时刻的心境，采取不同的劝谏方式，从而取得最佳的效果。

晏子有的时候还会上演“上有政策，下有对策”的爱民版。齐景公之时闹饥荒，晏婴请开国家粮仓赈济百姓。齐景公不同意，但他很想盖一个高台，供游览之用。晏婴便令吏员提高薪酬，让百姓到很远的地方去取土，慢慢地施工，从不去催逼。三年以后，高台筑成，百姓也渡过了难关。结局是，国君有地方玩，百姓也有饭吃。

晏子是一个出名的矮子，但在人生境界上却是一等一的高人。有一次，齐景公在牛山上游览的时候望着都城临淄，泪流满面地说：“美丽的国都啊，草木多么茂盛！为什么随着时光的流逝，万物都要死亡呢？假若从古到今没有死亡，那么我将离开这里到哪里去呢？”他的两个大臣史孔和梁丘据也跟着流泪：“我们依靠君主的恩赐，饭菜可以吃饱，车马可以乘骑，看见死亡临近，心情都很悲伤，何况我们的君主呢？”听了他们的这些话，晏婴在旁独自冷笑。齐景公看晏婴冷笑，便擦拭眼泪问道：“我和我的大臣触景伤情有什么值得你发笑呢？”晏婴说：“假如贤明的君王不生老病死，那么你此时只会在农田里，哪还会有时间触景伤情呢？正是因为一个人离开了君位，才有机会让另一个人被立为君，也才有机会轮到你当上了国君，可笑你身在福中不知福。你却为自己即将死亡而悲伤哭泣，这是很不仁义的啊！我对不仁义的君王及讨好巴结的大臣怎能不讥笑呢？”齐景公听了十分惭愧，举起酒杯来自己罚自己的酒，又罚史孔和梁丘据两人各一杯酒。

人们常常对自己即将失去的权、势、财等忧伤不已。殊不知，这些东西是不可能永远占有的，一味沉迷其中，最终会毁掉自己。要想开些，把功名利禄看做过眼烟云，得而不喜，失而不忧，以超然的胸怀对待它们，你才会摆脱它们的束缚，真正做到不以物喜，不以己悲，把自由和快乐握在手心。

这就是晏子的写照，他既是智者，又是仁者，更是达者。何谓“达者”？他们双眼仿佛能穿透一切迷雾，双手能抓住问题的根本；在别人认为无法处理的险阻处，他们总能够巧妙地化解和躲避；永远乐观、旷达，生命于他们从来就不是负担，而是仿佛置身于天堂；当生命结束之时，他们绝无悲凄留恋之感。这与其说是一种十分健康的生命状态，不如说是一种生命的境界。这种人，我们姑且将他们称为“达者”。

孔子：以和为贵

在诸子百家之中，儒家的影响最大，儒家宗师孔子也是中国思想史中最为重要的人物。那么，他究竟是一个什么样的人呢？

思想家一般都有着多面性，我们就来看一看孔子的不同面孔。

孔子是一个不故弄玄虚的人。他“不语怪力乱神”，说：“不知生，焉知死？”就是说，连生命这个最大的问题都没有弄清楚，为什么还要去探讨死亡和鬼神这样玄虚的问题呢？

孔子是一个喜欢学习的人。他说“学而时习之，不亦说乎”，大有活到老、学到老的劲头。

孔子是一个敢于承认自己无知的人。他说“知之为知之，不知为不知”，在这一点上，孔子和古希腊先哲苏格拉底有一拼。苏格拉底说：“我只知道一件事，就是我一无所知。”

孔子是一个喜欢学生的人。他主张“有教无类”，富贵人家的子弟也好，贫苦人家的儿郎也罢，凡登门求学的，他都接收下来进行教育。人们说他是中国历史上第一位真正的教育家，使“学在官府”变成了“学在民间”。

孔子是一个喜欢朋友的人。他说“有朋自远方来，不亦乐乎”。他甚至喜欢呼朋唤友去找点乐子，“莫春者，春服既成，冠者五六人，童子六七人，浴乎沂，风乎舞雩，咏而归”。这就向我们展示了一幅优美的画面。

孔子是一个讲究礼仪的人。他说“不学礼，无以立”，意思是说一个人若不学会礼仪，就无法立足于社会。在古代，人是分为许多等级的，比如君和臣，就分属不同的等级，各有各的礼，臣不忠于君是“非礼”，而君施行暴政也是“非礼”……看来，要把所有的规矩都制定清楚，孔子他老人家才安心。

孔子是一个很有同情心的人。他家的马厩起火了，孔子只问人伤了没有，“不问马”。要知道，那个时候马很金贵，一般的读书人能有个驴儿骑就已经很不错了，但人与物哪一个价值更大，孔子心里还是有一杆秤的。

孔子是一个很有慈爱心的人。他把“仁”当做人最重要的美德，说“仁者，爱人”，意思是，你要从身边的长辈和亲属做起，去爱你的父母，爱你的兄弟姐妹。至于亲属以外的人，对待他们的爱虽然不需要像对待父母那么浓烈和谦恭，但至少要取一个相当友善的态度。

这样看来，孔子就像是一个爱絮絮叨叨的老头儿，以很亲和、很家常的面貌出现，告诉我们生活中最基本的道理和做人最起码的本分。他有点啰唆但心里面存着“最大的善意”，就像每一个家庭里的父亲或祖父。有人说，中国的哲学实际上是伦理学，那么构筑伦理学大厦的最大基石是孔老夫子所埋下的。

但如果你就此认为，孔老夫子是一个一团和气、爱和稀泥的老头儿，那你就错了，孔老夫子该倔的时候也很倔，该讲原则的时候也很讲原则。

孔子最讨厌“乡愿”，什么叫乡愿，就是不讲原则，当老好人。

孔子极端热爱真理，他说：“朝闻道，夕死可也。”在真理和生命的天平上，他总是向“道”即真理这一边倾斜。而一旦有了这样的取舍，人也就会变得硬朗而倔强了。

孔子说“以德报德，以直报怨”，这句话很重要，意思是当别人对我好，我也对他好；可当别人对我不好的时候，我就要直面相对、直言相告，以凛然的态度回敬，至少要把是非曲直弄清

朝闻道，夕死可也。 ——孔 子

楚。那种“别人打我左脸，再把右脸伸给他打”的做法是懦夫的行为，极为可笑和可怜。

孔子又说：“三军可夺帅也，匹夫不可夺志也。”这是掷地有声的话，更是令人血脉贲张的话，意思是说志向是一个人的精神支柱，只要认准了，就是面临再大的压力也决不动摇，哪怕“杀身成仁”也在所不惜。

“士不可以不弘毅，任重而道远”，是孔子另一句影响后世至深的名言。对于士，和对于一般人，孔子觉得应该有不同的要求。士作为与大众相对的精英阶层，应该在恪守各项伦理道德的基础上，秉持理想、洁身自好、自强不息、有所担当、有所作为，同时要对社会起到正面影响。用大白话说，士应该是一条有文化、有抱负、有尊严的汉子。

据胡适考证，儒家的“儒”，最早是殷朝的移民，在周灭殷后，“他们负背着保存故国文化的遗风”，样子很文弱，心情又很忍辱负重。而孔子的大贡献就是把柔懦的“儒”改变成刚毅进取的“儒”，进而成为响当当的“士”了。

孔子不仅奠定了中国伦理学的大厦，也奠定了士文化的大厦。应该说，中国传统文化能够一直延续，其中士阶层发挥了重要的作用。

大多数学者认为，如果用一个关键词去概括孔子思想的精髓，那就是中庸。中庸是指把握好度、掌握好分寸，不偏激不绝对。怎么才能做到中庸呢？中庸不是中不溜儿，而是需要更大的智慧，才能贴近事物本身的规律，然后采取最稳妥的方式加以处置。

“以和为贵”也是从中庸思想中而来的，就是说要从客观规律出发，要照顾到各方的利益诉求。“和”的概念实际上很广，包括天与人之间的和谐、人与人之间的和谐、群体与群体之间的和谐，我们现在所说的“和谐社会”，就是力求达到各个方面的和谐。和谐的“和”字，左边是“禾”，右边是“口”，是说既要让人有饭吃，又要让人说话，同时具有生存权和表达权。可见，“和”不是大一统，也不是和稀泥，而是包含着对于个体和真理的尊重。这样的“和”，恐怕才最符合孔子他老人家的本意。

瞧，这就是孔子，有着不同的面孔，每一个面孔都是那么引人注目，又那么启迪人心。

孙武：胜者之歌

发动第一次世界大战的德国皇帝威廉二世，在战败之后，曾读了一本中国的古兵书，读过之后感叹说："如果早20年读此书，就不会遭亡国之痛苦了。"这本让威廉二世称奇的书，便是春秋时期思想家、军事家孙武的著作——《孙子兵法》。

孙武出身于齐国一个祖祖辈辈都精通军事的贵族世家。祖父孙书给他取名为"武"，是盼望他将来能够继承家业。武的字形由"止""戈"两字组成，能止戈才是武。古兵书上说"武有七德"，即武力可以用来禁止强暴、消灭战争、保持强大、巩固功业、安定百姓、协和大众和丰富财物。

事情果真像父辈所希望的那样，孙武随着年纪的增长，逐渐显现出对军事的爱好和特有的天赋。他聪慧过人，勤奋好学，不仅阅读了家中收藏的许多兵书，而且善于思考，富有创见。有一次，孙武读到"国之大事，在祀与戎"，他就跑去问老师："先生，祀是什么？戎是什么？"老师随口答道："祀是祭祀，戎是兵戎。"孙武接着问："祭祀是一种精神的寄托，怎么能和兵戎相提并论为国家的大事呢？"老师顿觉奇异，一时答不出来。孙武继续说："只有兵，才是国家的大事，君臣不可不察的大事。"

当时学校的教学内容主要有"五教"和"六学"。"五教"是指五种伦理道德的教育，即父义、母慈、兄友、弟恭、子孝。"六学"也称"六艺"，是指六种基本科目的学习，即礼、乐、射、御、书、数。在所有的课程中，孙武最感兴趣的是“六学”中的“射”和“御”。射箭御马之术，本来就是齐国人的“国技”。约在夏商之际，或更早一些，齐地的夷人就以善射而闻名遐迩。夷人的“夷”字，就是“大”（像正面伸臂的人形）的身上挎着“弓”组成的象形字。神话传说中，东夷的英雄是羿。他用弓箭驯服了十个太阳，还射死长蛇和猛禽，为民除害。人们尊称他为“后羿”。至于“御”，齐国更是有着得天独厚的地理条件，养马业在诸侯国中捷足先登，成为拥有马匹最多的国家。桓公时，一次赠予卫国良马就达 300 匹。孙武家所处的青丘地区，就是齐国的养马基地。

由于受尚武思想的影响，齐国从国君到士兵，莫不以勇武为荣。“射”和“御”，是齐人首练的武技，以射箭御马之术的高低为荣辱，这已成为一种社会风尚。于是，在接下来的学习和训练中，孙武对“射”和“御”投入了比其他学生多数倍的努力。他刻苦练习这两项技能，甚至到了废寝忘食的地步，很快就成为同辈贵族少年中的佼佼者。他的梦想也日渐清晰，立志像祖父孙书、叔父田穰苴那样，成为一名驰骋疆场的大将军。

长大之后，孙武专门从事兵法研究，对历史上的战争经验作了深刻的总结，写下了 13 篇研究兵法的文章。他的军事才华得到吴王阖闾的赏识，被封为上将军。不久，他率领吴国军队大破楚国军队，占领了楚的国都郢城，几乎灭亡楚国；继而又威震北面的齐国，征服南面的越国，为吴国的崛起立下了赫赫战功。

后人把孙武的文章汇编集注成书，取名为《孙子兵法》。这本书被历朝历代奉为“兵经”，孙武本人也被誉为“兵圣”。《孙子兵法》包含着丰富的哲理和十分深刻的思想见解。其中，“奇正相生相变”就是著名的辩证法命题。“奇正”，在军事上指奇兵和正兵。一般说来，担任守备、钳制、阻击、正面进攻的部队叫正兵，担任机动、突击、迂回侧击的部队叫奇兵。“相生相变”，就是要求统帅者根据战情的变化，决定出奇兵还是出正兵，并根据局势的发展，变换“奇正”方式。孙武说，善于“奇正相生相

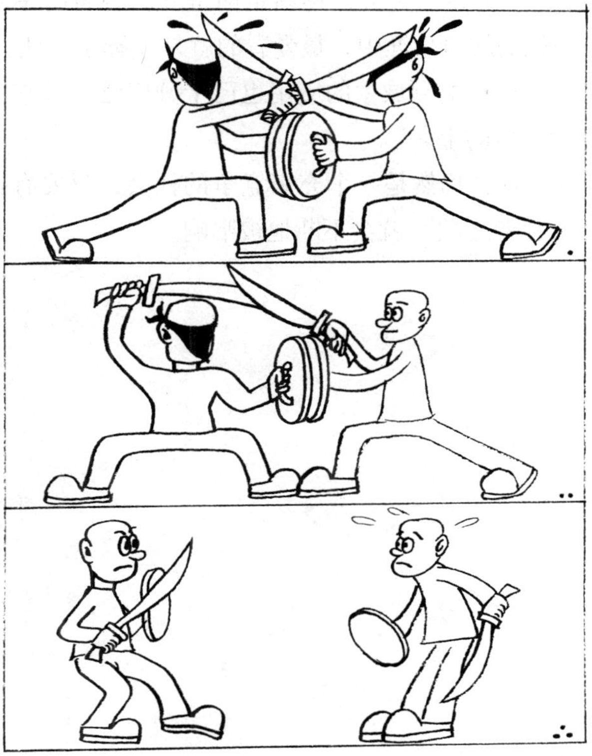

知己知彼，百战不殆。 ——孙　武

变”的军事家，都是高超的战争艺术家，他们以正兵合，以奇兵胜，兵法如江河那样奔涌不休，如天地那样变幻无穷，这是多么美妙啊！

在战争制胜的方法原则上，孙武更是提出了一个不朽的命题，即“知己知彼，百战不殆；不知彼而知己，一胜一负；不知彼，不知己，每战必殆”。所谓“知己”就是要“知吾卒之可以击与不可以击”，“知可以战与不可以战”（我们的军队、将士能不能作战？士气、战斗力如何?）。所谓“知彼”就是要“察敌之情，审敌之势”，包括“知诸侯之谋”，“知山林、险阻、沼泽之形”，“知战之地、知战之日”，这样不打无把握之战，才能战必胜，攻必克。

宋朝之后，《孙子兵法》逐渐走向世界。著名的军事家拿破仑在戎马倥偬的战争生涯中，最爱看的就是《孙子兵法》。《孙子兵法》在军事以外的领域中的应用也已十分广泛，日本人早已当它是“经商谋略的宝典”。

当今这个社会仍然是一个充满竞争的社会，只要有竞争，孙武谱写的“胜者之歌”就会不断地被唱响。

墨子：爱的合唱

战国初期，公元前440年的一天，从宋国到楚国的路上，一位皮肤粗黑、衣衫褴褛的汉子急匆匆地奔跑着。他不顾一路风尘，不顾一身大汗，不顾鞋已经磨烂，不顾脚已经磨出血来，踉踉跄跄地往前跑。这位汉子是谁呢？他就是大名鼎鼎的墨子。墨子为什么这样匆忙地从宋国赶往楚国呢？原来他得到一条情报，楚国很快就要入侵宋国，他要去楚国制止这场迫在眉睫的战争。

宋国与楚国的力量对比原本就十分悬殊；雪上加霜的是，著名的工匠公输般（即鲁班）为楚国制造了一种叫云梯的新式兵器，这种武器又高又大，用于攻打敌国的城门，在当时可以说是战略性武器。这样一来，宋国的命运更加岌岌可危了。

走了十天十夜，墨子终于来到了楚国国都，拜见了公输般。墨子对公输般说："北方有一个人欺侮我，我希望借你的力量杀死他。"公输般不知是计，听了很不高兴，也没有任何表示。墨子接着说："我可以给你很多钱，作为你杀人的报酬。"公输般回答说："我讲道义，不会因为报酬去杀人。"墨子说："楚国是大国，人口不多而土地辽阔，可是它却准备攻打弱小的宋国，你口头上说不杀人，可是一旦发生战争，有多少无辜的平民会因为你的新式武器而死去，这跟你亲手杀人有什么区别呢？"

公输般被问得哑口无言，推诿说攻打宋国是楚王的决定，于是墨子和公输般去见楚王。见了楚王，墨子说："我想请教大王一个问题。有人放着自己漂亮的车子不要，却想偷邻居的破车，舍弃自己的漂亮华贵衣服不要，却想偷邻居的旧衣服，这是怎样一种人啊?”楚王不知是计，马上说：“这人有偷窃的毛病。”墨子抓住时机说道：“楚国有广阔的土地，而宋国只是一个小小的国家，这就如同一辆漂亮的车与一辆破车的对比；楚国物产丰富，而宋国物产贫乏，这如同漂亮衣服和旧衣服的对比，所以我认为楚国攻打宋国，跟那个犯了偷窃病的人正是一样啊。”

楚王一下子不知如何回答才好，蛮横地说：“你说得好，但是公输般已经为我造好了云梯，我是一定要攻打宋国的。”墨子不慌不忙地说：“云梯并没有想象的那样厉害，不信我可以与公输般模拟作战。”于是楚王为他们准备了道具，包括城墙、守城的器械、云梯及其他攻城的兵器。公输般模拟攻打宋国的城墙，结果任由他多次改变攻城的战术，都被墨子抵挡住了，公输般攻城的器械用完了，墨子守城的方法还有余。

公输般不甘心失败，对墨子说：“我知道怎么来对付你，我不说。”墨子也说：“我也知道如何对付你，我也不说。”楚王问墨子其中的原因，墨子说：“公输般的意图，不过是杀了我。他以为杀了我，宋国就没有人来防守楚国的进攻了。可是，我已经把我的方法教给了我的徒弟，即使杀了我，也不能攻入宋国的城门。”

楚王见大势已去，迫不得已地说：“我决定不攻打宋国了。”这样，墨子凭自己的机智和勇敢解除了宋国的一场灾难。

这个故事讲的是墨子的“非攻”，“非攻”也就是反战。墨子看到春秋战国时期，最大的弊病就是战争，因此，天下哪里有难，他就去哪里，这是一种“以天下为己任”的博大胸怀。

“非攻”来源于墨子毕生提倡的“兼爱”思想。“兼爱”包含平等与博爱的意思，与儒家“亲亲有术，尊贤有等”的仁爱有很大区别。墨子要求平等地爱每一个人，君臣、父子、兄弟都要在平等的基础上相互友爱，“爱人若爱其身”。他认为社会上出现强执弱、富侮贫、贵傲贱的现象，是因天下人不相爱所致。

同时，墨子相信“天志”的存在，而天的意志也就是“兼爱”，“人不分幼长贵贱，皆天之臣也”，“天之爱民之厚”，君主若违天的意志就要受天之罚，反之，则会得天之赏。墨子虽然坚信“天志”，但又反对儒家所说的“生死有命，富贵在天”，认为这种说法会消磨和损伤人的创造力，所以提出“非命”。也就是说，天道酬勤，上天喜欢自强不息的人，人要积极作为，把命运掌握在自己手中。从“天志”的观点可以看出，墨子已经有了天赋人权与制约君主的朴素思想，而他“非命”的观点甚至与基督教新教中的“上帝选民”有近似之处。

正因为墨子的兼爱思想带有浓厚的宗教成分，所以孙中山评价说：墨子的这种爱，就是耶稣的博爱精神。

墨子的另一个伟大之处，在于他是先秦诸子中唯一的自然科学家。墨子是中国历史上第一个自称“鄙人”的人，他出身于一个手工业者的家庭，自己是一个木匠，而墨家学派的弟子们也大多是农民或手工业者。墨家学派正是在从事生产劳动、接触自然的过程中，萌发了许多自然科学的灵感火花。这些火花，保留在

爱人若爱其身。 ——墨　子

《墨经》中，形成了极其丰富的逻辑学和科技思想。在逻辑学方面，《墨经》对论辩的功用、方法和原则作了论述，总结了假言、选言、直言、演绎、归纳等多种推理方法，揭示了同一律、矛盾律、排中律等逻辑规律，使墨家逻辑成为一个系统分明、有条不紊的体系，与古希腊的亚里士多德逻辑和古印度的因明逻辑并称为世界三大古逻辑。

在科技方面，《墨经》的成就完全可以与古希腊的科学相媲美。比如数学，在2000多年前的先秦时期，《墨经》就对点、线、面、体等几何图形作出了科学的定义。再比如物理学，《墨经》几乎涉及了古物理学的所有分支，其中关于光学的部分已相当完整，系统地论述了物影的定义和成因、光的直线传播原理和小孔成像原理、光的反射原理以及球面镜、透镜的成像规律。除光学外，《墨经》还第一个提出了杠杆原理、浮力原理、运动分类等物理学基本理论。特别值得一提的是，《墨经》中还出现了现代原子学说的萌芽思想。要知道这是在2000多年以前，实在令人为之惊叹。

正像墨子率先做的“小孔成像”实验一样，他的思想如同中国文化厚壁上的一个特别的小孔，投射出绚丽的景象。墨子的宗教精神和科学精神，都是特立独行的，也是中国古代所缺乏的。但随着儒家的一家独大，人们远离了墨家学派，墨子的宗教精神和科学精神也被淡忘了，这不能不说是中国文化的一大损失。

鲁班：最初之翼

飞上天空，一直是人类最大最高远的梦想之一。当远古人类栖息在密林深处，遭遇野兽袭击时，他们多想生出一双翅膀，飞向天空，获得最有幸福感觉的自由。

飞行是一个梦幻，也是一种思想。随着时代的发展，人类关于飞行的思想越来越成熟。当然，思想虽好，还要有足够的技术来支撑。

在操作层面，飞行是一种技术，而且是一种无比精密的技术，只有那些最精密的头脑才能想清楚其中的玄机。

鲁班就是中国古代最著名的能工巧匠，甚至被称为木匠这一行当的祖师爷，我们常说的成语“班门弄斧”，就是讲别到祖师爷面前献丑。

鲁班之所以有一个精密的头脑和精巧的双手，是因为他首先善于向大自然学习。

比如说，现在木匠用的锯、刨子、钻、曲尺等工具，都是鲁班发明的。原先，木匠的工具只有斧子，砍起木头来特别费劲。有一次，鲁班带徒弟上山砍木料，累得精疲力竭，也没砍到多少。忽然，他一不小心，手被一种野草叶子弄破了，鲜血顺着手指流了下来。一片小小的叶子怎么会如此厉害呢？鲁班摘下一片叶子仔细一看，原来这种叶子的两边都长着尖尖的小齿，手就是被这些小锯齿割破的。鲁班忽然从中得到了启发，他高兴得忘记了伤口，就像阿基米德从浴池里蹦出来时忘记了穿衣服。鲁班跑回家去，立即在竹片上做成许多小锯齿。他用这种竹片去割树，几下就在树皮上划出一道深沟。鲁班心里想，要是用铁片做成锯片，效果不就更好了吗？果然，用铁锯来锯树，很快就把树给锯断了。锯，就这样发明了。

鲁班发明锯子的思路，现代人称之为“仿生学”。

鲁班所造过的最精巧的一件器具，应该要算木鸢了。为此他观察了鸟类很久很久，最后做成了一只木鸢，在天上整整飞了三天，把当时的人们都震惊了。要知道，鲁班的老对手墨子也做了一只木鸢，花了三年时间才做成，但只飞了一天就坏了。

鲁班的发明，可谓是中国古代的最初之翼，展示了华夏民族征服天空的决心和智慧。1000 多年后，又出现了一个飞行奇人——万虎。万虎是明朝的一个低级官吏，喜好工艺技术。他试图用民间自制的烟花来产生动力，从而推动他飞往太空。万虎设计制造成一种会飞的“飞龙”火箭。这种火箭前后两端分别是木质雕刻的龙头龙尾，它们下面各装两个火箭筒，龙肚子里装有火药，用引信点燃后，可飞行 1000 米的路程。这一天，在一座山坡上，万虎开始了飞行试验。工匠们将一把椅子安在一个木制构架上，构架四周绑上 47 支火箭，万虎坐在椅子内，两只手各握着一只大风筝。他打算等火箭升空后，就利用这两只大风筝带着自己在空中飞行。然而，随着火箭发出的轰响，“飞龙”拔地升起，冲入半空，突然一阵剧烈的爆炸，当硝烟散尽后，万虎和他的“飞龙”早已灰飞烟灭。

后人永远记住了鲁班美丽的飞行思想和万虎壮丽的个人牺牲。但从学习的角度说，人们对鲁班更加崇敬，因为他的许多思想和许多方法，是可以被后人复制的；而万虎的牺牲固然壮烈，但却是不值得后人仿效的。

思想，其实就是人类的“隐形的翅膀”。

孟子：浩然正气

在孔子之后，儒家又出了一位代表人物叫孟子，被后人称为“亚圣”。孔子对于人的肯定和对于士精神的弘扬，被孟子很好地继承下来并加以放大，儒家的自信心彻底建立起来了，孟子由此成为气势最盛的儒家人物。

和孔子一样，孟子也喜欢周游列国，向王侯们宣传自己的政治主张。但两个人的风格有一点不一样。孔子已经是很有派头了，但其周游列国时，对于王侯还是自觉矮了一头，多少带有一点儿乞求的意思。而孟子则带着给王侯上课的强大气场，他以无碍的辩才和无穷的道理，以一股有理走遍天下的气势，使众王侯俯首称臣，从而成为真正的“王者”。

我们先来看一个例子。

孟子觐见梁襄王，梁襄王问道：“天下要怎样才能安定呢？”

孟子回答说：“天下安定在于统一天下。”

梁襄王又问：“谁能统一天下呢？”

孟子说：“不喜欢杀人的国君能统一天下。”

梁襄王有点不相信地说：“谁会归附他呢？”

孟子回答：“天下没有不归附他的。大王您知道禾苗生长的情况吗？当五六月间一发生干旱，禾苗就要枯槁了。一旦天上乌云密布，下起大雨，那么禾苗就长得茂盛了。像这样的话，谁能阻止它呢？而现在天下国君，没有一个不嗜好杀人。如果有一个不喜欢杀人的国君，那么普天下的老百姓都会伸长脖子期待着他

民为贵，社稷次之，君为轻。 ——孟 子

来解救。如果像这样，老百姓就归附他，就像水往低处流一样，这哗啦啦的汹涌势头，谁又能够阻挡得了呢？”

孟子不仅在见面时完全压倒了梁襄王，出来后还对别人说，梁襄王远远看上去不像个国君的样子，走近他也看不到有什么使人敬畏的地方。从这个例子可以看出，孟子对那些没有什么思想和原则的君主是很瞧不上的。

至于那些大大小小的官员，就更不在孟子话下了。

有一次孟子到了齐国平陆，对那里的长官孔距心说：“如果你的卫士一天三次擅离职守，开除不开除他呢？”

孔距心说：“不必等三次。”

孟子说：“那么您失职的地方也够多的了。荒年饥岁，您的百姓，年老体弱抛尸露骨在山沟的，年轻力壮逃荒到四方的，将近一千人了。”

孔距心说："这个问题不是我能够解决的。"他的意思是，虽然地方上有粮仓，但粮仓是中央下命令才能开的，如果他擅自开仓赈民，以后会遭法办的。

孟子说："假如现在有个人，接受了别人的牛羊而替他放牧，那么必定要为牛羊寻找牧场和草料了。如果找不到牧场和草料，那么是把牛羊还给那个人呢，还是就站在那儿眼看着牛羊饿死呢？"

孔距心说："这是我的罪过。"

此后的某一天，孟子觐见齐宣王时说："大王的地方长官我认识五个，能认识自己罪过的，只有孔距心。"

齐宣王说："这是我的罪过啊。"

孟子之气势，来自其强大的小宇宙，"吾善养吾浩然之气"，这种浩然之气可以"塞于天地之间"，是至大至刚的冲天壮气、凛然正气，虽千万人，吾往矣。所以，衡量一个人实力和魅力的，不是其地位、权势与财富，而是其气度、修养与学识。

为什么那么理直气壮，甚至有些盛气凌人？还在于孟子掌握了"手无寸铁的真理的不可抗拒的力量"。俄罗斯作家帕斯捷尔纳克说："千百年来使人类高于禽兽的不是棍棒，而是内心的音乐——手无寸铁的真理的不可抗拒的力量。"这句话似乎恰好回答了孟子"人之所以异于禽兽者几希"的问题。在孟式真理中，第一条就是对于"人"的极端重视，并且这里的"人"还不是泛泛的芸芸众生，而是一个个具体的个体。孟子从"人性善"的角度出发，指出人人皆可成尧舜。他有一段话在古今中外思想史上真可谓流光溢彩。他说，如果孔子、伯夷、伊尹有机会来做国君的话，"行一不义，杀一不辜，而得天下，皆不为也"，意思是说，这些伟大的圣贤啊，如果要他们做一件不该做的事，杀一个无辜的人，因而得到天下，他们都是不会去做的。因为，杀的可能就是一位尧舜啊！可见孟子对于个体重视到什么程度。

第二条真理是"民贵君轻"。孟子根据战国时期的经验，总结各国治乱兴亡的规律，提出了一个富有民主性精华的著名命题：“民为贵，社稷次之，君为轻。”意思是说，人民放在第一位，国家其次，君在最后。孟子十分重视民心的向背，认为这是关系得天下与失天下的关键问题。那么如何才能赢得民心呢？孟子强调君主应以爱护人民为先，为政者要保障人民权利。孟子赞同若君主无道，人民有权推翻政权。

孟子处于孔子和董仲舒之间，他有一张最标致又最桀骜不驯的脸，代表了儒家最雄辩、最坚挺、最张扬的一面，是儒家最好的形象大使。孔子的话语基本上是沉静型的、内敛型的，有时甚至像一位絮絮叨叨的大叔。而孟子的话语是战斗型的、张扬型的，永远是咄咄逼人的华丽师者。到了西汉董仲舒那里，个体的独立性几乎荡然无存，完全走向了御用文人一路。如果说孟子的尊严是自己争取来的，那么董仲舒向汉武帝献上“罢黜百家，独尊儒术”之策，由此而来的尊严是钦定的，不仅制约了思想文化的发展，也限制了儒家自身的格局——这种钦定的尊严，不要也罢。

当然，浩然正气来源于勤修和苦练。“天将降大任于斯人也，必先苦其心志，劳其筋骨……”，孟子教谕的是别人，其实也是他的自叙状。我们从“孟母三迁”等故事中，就可以看出他在成长过程中，经历了怎样的艰辛和辗转。

庄子：鱼和蝴蝶

如果说老子的思想像一首朦胧诗，那么庄子的思想就更像一篇魔幻童话，充满各种神奇的“角色扮演”，有着一种童话般的美丽。

最为人们熟悉的要数“庄生晓梦迷蝴蝶”，这是一个让人类头疼了几千年的问题。庄子有一天睡觉，梦见自己变成了蝴蝶，双翼飘举，游历花丛，他在花瓣和枝叶间大声地笑。醒来之后的庄子，如坠云雾之中：是我做梦变成了蝴蝶呢，还是蝴蝶做梦变成了我？如果是我变成了蝴蝶，为什么我会体会到蝴蝶独有的飞翔之乐？如果蝴蝶做梦变成了庄周，为什么这一切会出现在庄周的记忆里？

这真是难解，但实在是有趣至极，这种智慧上的“高峰体验”，经历了一次都叫人满心欢喜。

庄子先把蝴蝶梦抛在一边，他继续变化。在更多的时候，庄子喜欢化身为一条快乐的鱼。“鱼儿们在水里，多么快乐啊！”庄子与惠施在濠梁观鱼，他一边看一边深深地叹息。“你又不是鱼，怎么知道鱼是快乐的呢？”惠施问他。“咦？”庄子严肃地反问，“你又不是我，怎么知道我不知道鱼的快乐呢？”是啊，庄子的意念早就穿越了水的屏障，和鱼儿合二为一，水像温柔的手抚过他的身躯，岸上的庄子，在水里无比开心。

所以，鱼儿信赖他，把他看做同类，愿意和他亲近。一条鱼，气喘吁吁地游来，向他求询爱情的含义。庄子敲敲鱼的脑袋，先说了一个故事：当河湖干涸的时候，鱼儿们在陆地上共度危难，它们吐沫相濡，呵气相湿，互相亲附，但这与在江湖中逍遥自在的生活相比，真是有天壤之别。所以庄子对鱼说：既然有了欲望，就难免要备受煎熬，那么，与其"相濡以沫"，不如"相忘于江湖"。如果尽可能地保持个体的独立，或许获得的快乐要长久一点。

有的时候，庄子又化身为一只自由之龟。一天，庄子聚精会神地坐在濮水边垂钓，身后不知何时走来两个峨冠博带的大人物，向庄子说："老先生，打扰了。我俩是楚威王的钦差，奉命恭迎你进王宫主持国务，上为君王分忧，下为黎民谋福。"庄子头也不回，漫不经心地答道："我听说楚国有只三千多岁的神龟死了，楚王恭敬地把它的尸骨用锦缎包好，藏在精美的竹箱里，供奉在庙堂之上。你们说，这只龟是愿意死后留骨而贵，还是愿意活着在泥水里自由地摇尾游弋？"两位大臣说："当然愿意在泥水中无拘无束地生活喽！"庄子郑重地说："既然如此，二位请回吧！因为我也要像泥水中的龟那样逍遥地度过残生。"

这样的"变身"，不仅出现在人与动物之间，还出现在动物与动物之间。庄子在《逍遥游》的开篇写道：

北冥有鱼，其名为鲲。鲲之大，不知其几千里也。化而为鸟，其名为鹏。鹏之背，不知其几千里也。怒而飞，其翼若垂天之云。是鸟也，海运则将徙于南冥——南冥者，天池也。

这是多么壮观的景象！鲲是一条生活在北海、硕大无比的大鱼；鹏就是由鲲变成的一只巨鸟，与鲲一样，也是庞然大物；鲲鹏活动的世界是一个广阔无边的空间，远远超过人们的想象。这样的生物、这样的世界，不正是一种大解放、大自由的象征吗？不正是逍遥精神最好的载体吗？

《逍遥游》是《庄子》一书的首篇，也是表达庄子哲学思想的代表作。"逍遥游"是庄子人生哲学的最高境界，也是庄子哲学有别于老子哲学最根本的标志。《逍遥游》篇的主旨是说一个

日出而作，日入而息，逍遥于天地之间，而心意自得。

——庄 子

人应当突破尘世中的功、名、利、禄、权、势、尊、位等种种“身外之物”的束缚，使自己的精神作无挂无碍、无我无物的“逍遥”之游。庄子的“逍遥游”所游之处在哪里呢？所谓“六极”之外、“尘垢”之外、“四海”之外、“无何有之乡”，但这些不过是想象中的虚静世界。由此可见，庄子的“逍遥游”其实是一种超越现实的局限性，摆脱名利权位、道德是非、逻辑理智束缚的一种优游自在、徜徉自得的心境。故庄子的“逍遥游”也叫做“游心”，它不是肉体的飞升，而是精神的逍遥。

那么，如何做到对现实世界的超越呢？庄子教给我们的办法是“忘”。“鱼相忘乎江湖，人相忘乎道术。”在庄子看来，“忘”是“游”的必要条件，没有“忘”就不能展开“游”的翅膀。而如果能够做到“忘”，你是蝴蝶还是人，是人还是鱼，是鲲还是鹏，又有什么关系呢？因为，飞翔的是意念，而不是躯壳；逍遥的是精神，而不是形体。

庄子为什么又如此念念于“忘”呢？从当时的社会现实来看，实在令人难以满意，庄子曾激愤地说：“窃钩者诛，窃国者为诸侯”，意思是说那些小偷小摸的人被逮到了一定会按律治罪，罪行严重的甚至还要判死刑。但是那些大偷大到偷窃整个国家的人则不但不会被治罪，而且还能成为诸侯称霸一方，受世人膜拜。这又是怎样的一种是非颠倒呢？

在污浊的现实里追求洁净，在沉郁的岁月里追求快乐，在不自由的时代里追求自由，在有限的空间里追求无限，这恐怕就是庄子哲学的真谛。然而，对于无比脆弱的个体生命来说，结局似乎早已注定。江长湖宽，生命只是一场过于短暂的潮起潮落。无论是显贵还是草民，无论是积极有为还是碌碌无为，都将同归寂灭。庄子说：“汝身非汝有也，是天地之委形也；生者，假借也。”与鱼和龟相比，我们只不过是比较幸运地被赋予了人形；与鲲和鹏相比，我们的人形又显得那么渺小和软弱，但无论怎样，终究改变不了“假借”的本质，迟早都要将自己的躯壳交还给天地之间的主宰，像水珠一样蒸发，像江河一样远走。

但庄子又不是全然悲观的，至少他以一种不自觉的方式，指出了一条个体的救赎之路，那就是：思想的力量。唯有思想的蝴蝶，能够摆脱生命的羁绊，艰难地从如茧的躯壳中飞出。这蝴蝶寄托着庄子的晓梦与夜思，也携带着庄子的感喟和感悟，飞翔在恒久的时空里，它飞得过江湖，飞得过沧海。

《易经》：君子豹变

豹，虽然没有老虎的高大威猛，也没有狮子的玉树临风，但它却是一种最美丽的猫科动物。金钱豹、猎豹、云豹、雪豹、美洲豹，各有各的美丽。

在中国古代，君子和美人几乎是一回事，诗经和楚辞中经常提到的“美人”，实际上指的是男性的君子。在古人看来，君子就应该是美丽的，而且是全方位的美丽，集人性美、思想美、品德美、风度美、外形美于一体。同时，君子还要努力以自己的形象和丰神去影响世人，对社会风气进行必要的熏染和提升。

打个比方，君子就应该像一只美丽的豹子，气质高贵，思维敏锐，身姿矫健，同时又不苟同于世俗，能够享受自己的孤独，并且在孤独中强化修为、完成创造。

其实，中国古代的传奇之书——《易经》里面，就有这样的思想：“大人虎变，小人革面，君子豹变。”

对于“豹变”，当代学者陈丹青先生阐释道：“‘豹变’是什么意思呢？古人说话是非常形象、非常准确的。大家在动物园里或电影里见过修长美丽的豹子吗？那一身好皮，无比精致，无比高贵，可是您要是见过刚养出来的小豹子，简直没法看，皮毛黏滞浑浊肮脏，像一团烂泥，哪里想到长大后会慢慢生就那一身好皮。‘君子豹变’就是说，你要想从丑陋到美丽，从幼小到壮大，从无知到有知，逐渐成为一个有品质的人，你要慢慢地来，慢慢

天行健，君子以自强不息。　——易经

地蜕变……翻译成现在的话，大概相当于所谓‘十年种树，百年育人’的意思吧，但这话给我们说滥了，依我看，古人许多话，远比今人说的漂亮，说的正确，可是给今人忘记了。”

是啊，豹子不是一生下来就是“美人”，和天鹅的前传“丑小鸭”一样，刚出生的小豹子就是一只丑小狗，没有清晰的五官，也没有漂亮的斑纹。只有在岩石间反复摔打，在草原上尽情追逐，在密林里尝尽孤独，才能获得属于自己的那份美丽。

君子也并不是一生下来就是君子，而是要经过后天的反复修炼，迎来一次或数次重大的蜕变，才能成为君子。就像毛毛虫破茧成蝶，拥有艳丽的翅膀那样，君子也从一个莽撞少年，成长为一只高贵的豹子，拥有斑斓的外表和强大的内心，从此成为世人眼里的“美丽物种”。

这一思想，有点类似于美国著名心理学大师马斯洛的“自我实现”理论。马斯洛的理论核心是人通过“自我实现”，满足多层次的需要系统，达到“高峰体验”，重新找回被物质和技术排斥的人的价值，实现完美人格。

当然，我们的“君子豹变”思想更玄妙，也更有诗情画意。

玄妙和诗情画意，也是《易经》这本奇书的特征。有人说它就是中国的圣经，因为里面涉及宇宙的起源、自然的起源、人类的起源、人性的起源。其实，《易经》不仅是一本“起源之书”，更是一本“命运之书”，试图把国家、社会、个人的命运放在整个宇宙的大背景里面，进行阐释和预测。

预测总是“仅供参考”，重要的是自己的修为。读者朋友们，请把命运牢牢掌握在自己的手里，尽快迎来人生的美丽豹变。

邹衍：五行芬芳

战国时期有一个叫邹衍的大学者，他精通阴阳五行学说，是阴阳家的头号人物。

燕昭王很佩服邹衍，把他请到燕国的国都，给他在幽州蓟县西 30 公里的地方盖了一个碣石宫，拜他为老师。昭王死后，惠王继位，大臣们纷纷说邹衍的坏话，惠王误信谗言，就把邹衍逮捕起来，关进了牢狱。

邹衍受了诬陷，人们都为他鸣不平。据说，那年夏天，燕国土地上竟然降了霜。人们纷纷传说：莫不是老天也知道邹衍受了冤屈？后来，惠王把邹衍释放了。邹衍从牢狱里出来后，跑到旷野里吹起了竹乐，于是阳光和煦，大地上的五谷又生长起来了。

这就是“邹衍降霜”和“邹衍吹律”的故事，其中当然有夸张的成分，但把呼风唤雨、感天动地的角色安排在邹衍身上，倒也有一定的合理性。因为，邹衍研究的就是阴与阳、地与天、月与日的学问，在思想上有一种大叙事、大气魄和大格局，因而也具有特殊的感召力。

阴阳五行是中国古代特有的自然哲学。早在春秋战国之前，中国就有人用阴阳二气和水、火、木、金、土五行来解释世界的起源。这些人认为，阴阳五行是世界上最初始的物质元素，这些物质元素的相互作用，产生了天地万物。当时人们的认识水平还十分低下，能够用阴阳五行来描绘世界的生成发展，已经很不容易了。因为这种认识把世界的形成看做是自然变化的过程，也就否定了鬼神创造世界的荒诞说法。这在中国古代思想史上，具有显著的意义。

后来，古代阴阳家们又创立了“五行相生相胜”说，来详细解释自然界万物的生成发展过程。“相生”，是相互促进的意思，也就是说，水、火、木、金、土相互促进，产生了万物。其顺序是：木生火，火生土，土生金，金生水，水生木。“相胜”，是相克的意思，也就是说，五行相克，造成了物种的消亡，其顺序是：水克火，火克金，金克木，木克土，土克水。世界上任何物种都是在“五行相生相胜”的循环过程中产生、发展和衰亡的。

邹衍的创见，在于将阴阳五行从自然界延展到社会历史领域，提出了很吸引眼球的“五德终始”说。他指出，水、火、木、金、土，对于自然天地来说是“五行”，对于社会来说就是“五德”。其顺序是：土德、木德、金德、火德、水德。它们也是严格按照“相生相胜”的规律运转的。举例来说，黄帝崇尚黄色，以土为原则；大禹崇尚青色，以木为原则；商汤崇尚白色，以金为原则；周朝崇尚红色，以火为原则。你瞧，从黄帝到周朝，恰好是木克土、金克木、火克金的结果。那么，接下来取代火的必然是水，也就是说，取代周朝的王朝应当崇尚黑色；而水气来了，再下一个王朝又会恢复土德，这就是天下王朝循环的规律。

这种五德循环转移的说法，在当时的人们看来是多么奇特、新鲜，还有一些神秘兮兮的味道，所以从王侯到老百姓，全都被邹衍的学说吸引了，他由此成为一颗冉冉升起的学术明星。

邹衍开始周游列国，至魏，梁惠王出城迎接，送上厚礼延聘；抵赵，平原君侧身带路，用自己的衣衫为他拭座位；到燕，燕昭王在边境候驾。因此，后来的司马迁感叹道：“诸侯用这样高的规格尊礼邹衍，难道他是第二个孔子吗?”

其实，至少从想象力的角度来说，邹衍恐怕还要胜过孔子一筹。除了“五德终始”这样的宏大叙事外，邹衍的“大九州说”

同样也很有气魄。“大九州说”是对世界格局的推测和想象。邹衍认为全世界有八十一等分，中国占其一分，叫赤县神州，有九州；在其外，与赤县神州同样大的地方，还有九个（似应为八十个；九可能只是约数）。这就是大九州。九州之间有小海环绕，九州之外有大海环绕，再往外是天地的边界。

一幅宏观地理构造的美丽蓝图，在战国时期就已出现，不能不让人为之神往。

公孙龙：诘难之马

春秋战国，是大变革、大争鸣、大辩论的时代，也是尽情表达智慧的时代。各学派之间经常出现相互诘难、论争和辩驳的场面，于是一批辩论专家应运而生。他们能说会道，思路敏捷，善于抓住对方语义和思维上的漏洞，在辩论中占据上风。他们还专门研究“辩论”这门学问，提出了许多充满智慧的命题。人们把这批人称为“名家”。

名家的代表有郑国的邓析、宋国的惠施和赵国的公孙龙，其中最具“明星”气质的当属公孙龙。

当时赵国一带的马匹流行烈性传染病，导致大批战马死亡。秦国战马很多，为了严防这种瘟疫传入秦国，秦就在函谷关口贴出告示：“凡赵国的马不能入关。”这天，公孙龙骑着白马来到函谷关前。关吏说：“你人可入关，但马不能入关。”公孙龙辩道：“白马非马，怎么不可以过关呢？”关吏说：“白马是马。”公孙龙讲：“我公孙龙是龙吗？”关吏愣了愣，但仍坚持说：“按规定不管是白马黑马，只要是赵国的马，都不能入关。”

公孙龙素以雄辩名士自居，这下子可进入了他的“表演时间”。只听他娓娓道来：“‘马’是指名称而言，‘白’是指颜色而言，名称和颜色不是一个概念。譬如说要马，给黄马、给黑马都可以，但是如果要白马，给黑马、给黄马就不可以，这证明，‘白马’和‘马’不是一回事吧！所以说白马就不是马。”关吏

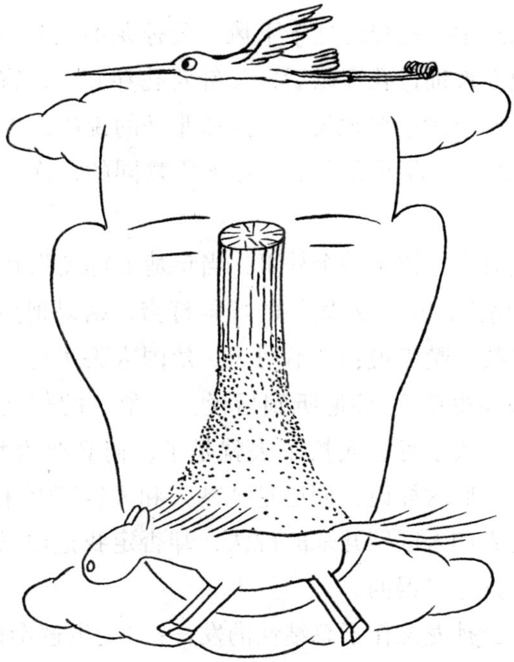

泛爱万物，天地一体也。——惠 施

越听越茫然，被公孙龙这一通高谈阔论搅得晕头转向，如堕五里雾中，不知该如何对答，无奈只好让公孙龙和白马都过关去了。

公孙龙因“白马非马”而声名大噪。孔子的六世孙，大名鼎鼎并自认为很聪明的孔穿，为了驳倒公孙龙的主张，找上门去辩论，结果被公孙龙驳得哑口无言，完败而归。

辩论是在赵国平原君家里进行的。孔穿首先对公孙龙说：“向来听说先生道义高尚，早就愿为弟子，只是不能同意先生的白马不是马的学说。请你放弃这个说法，我就请求做你的弟子。”公孙龙针锋相对：“先生的话错了。我所以出名，只是由于白马的学说罢了。现在要我放弃它，就没有什么可教的了。”接着公孙龙又批评孔穿的求学态度：“想拜人家为师的人，总是因为智力和学术不如人家吧；现在你要我放弃自己的学说，这是先来教我，而后才拜我为师。先来教我，而后再拜我为师，这是错误的。”

在前哨战中，孔穿已处于下风。公孙龙不愧为一位能言善辩的大师，他在教训过孔穿以后，又针对孔穿其人，宣传起自己的理论。公孙龙引经据典地说：“白马非马的说法，也是仲尼（孔子）所赞同的。”言下之意是，孔子所赞同的，你孔穿还能不赞同吗？

公孙龙对孔穿讲了一个故事：当年楚王曾经张开“繁弱弓”，装上“亡归箭”，在“云梦”的场圃打猎，结果把弓弄丢了。随从们请求去找。楚王说：“不用了。楚国人丢了弓，楚国人拾了去，又何必寻找呢？”仲尼听到后说：“楚王的仁义还没有做到家。应该说人丢了弓、人拾了去就是了，何必要说楚国呢？”公孙龙评论道：照这样说，仲尼是把楚人和人区别开来的。人们肯定仲尼把楚人和人区别开来的说法，却否定我把白马与马区别开来的说法，这是错误的。

末了，公孙龙又作了总结性的发言：“先生遵奉儒家的学术，却反对仲尼所赞同的观点；想要跟我学习，又叫我放弃所要教的东西。这样即使有一百个我这样的人，也根本无法做你的老师啊！”孔穿无言以对。

继“白马非马”之后，公孙龙一发而不可收，又提出了“鸡三足”、“火不热”、“轮不碾地”、“狗非犬”等著名的命题。其中，“火不热”的意思是，热是人的主观感受，热在于人而不在于火，因此，火是不热的。现在看来，这些命题有意割裂了整体与部分、主观与客观的联系，实质上是一种诡辩术。但也应该看到，公孙龙强调事物的差别，揭示了事物的内部矛盾，这是逻辑思维从低级阶段到高级阶段的表现。

后来，公孙龙学派的人根据他的思想，提出了两个闪耀着辩证法光辉的命题：一是“飞鸟不动”，一是“尺棰其半”。“飞鸟不动”是说，鸟从甲地飞到乙地，这条飞行线路可以分割成若干个点，每一个点在空间都是不动的，因此，鸟在飞的时候，其实是不动的。这个命题把运动看成是静止的总和，触及了运动和静止的关系，这在人类认识史上有着很高的思想价值。

“尺棰其半”的全句是“一尺之棰，日取其半，万世不竭”，意思是说：一尺长的木棍，如果一半一半地分割，世世代代都分割不完。这个命题揭示了物质是无限可分的这一科学原理，在今天看来也是正确的。

战国的名家非常类似于古希腊的智者派，甚至连某些命题都是相似或者相同的。例如公元前5世纪伊利亚的芝诺就有过“飞矢不动”的命题，相当于“飞鸟不动”；而他更著名的“阿基里斯追不上乌龟”命题，又与“尺棰其半”有异曲同工之妙。

在大致差不多的时间，名家和智者派以几乎相同的诡辩式的理论活动，分别在东方和西方参与了当时历史性的社会大变动，并促使人类的思想认识大为深化。这是人类文明史上最引人注目的现象之一。公孙龙和芝诺都是智慧的另类代表，他们以一种故作惊人之语般的响亮方式，让世人领略到智慧的玄妙和思想者的价值。

荀子：人定胜天

比荀子略早的伟大诗人屈原，曾经写过一首诗，叫《天问》。诗一开头就问：关于远古的天地初生，是谁传述出来的？紧接着屈原又提出了170多个有关天地万物、人类历史和神话传说方面的问题。对这些问题，人们的认识还相当模糊，无法回答，所以屈原只好去问天。

荀子专门写一篇《天论》，对天的问题进行了回答，并以天和人的关系为中心形成了自己的自然观和无神论思想。他提出了“天行有常”和“人定胜天”的思想。

殷周以后的大多数人都认为，天是有意志的，天会按照某种目的对自然界和人类社会作出安排。到了春秋战国时，这种“天命”观已经有所动摇，但仍然有很大的市场。真正彻底颠覆“天命”观的是荀子。他把“天”解释为客观存在着的自然界，认为自然界中的万物生成都是天地阴阳变化的结果，“天地合而万物生，阴阳接而变化起”，日月星辰，山川草木，阴阳风雨，四时变化，都是自然界自身运动的结果，并没有神的力量参与其中。

荀子进一步指出，“天有常道矣，地有常数矣”，“天行有常，不为尧存，不为桀亡。应之以治则吉，应之以乱则凶”。意思是说，自然界的运动遵循着特定的规律，这些规律是客观的，不以人的意志为转移，人们只有遵循它，才会取得好的结果，否则，就会遭殃。

荀子反对迷信，否认鬼神的存在。他认为既然人的意志不能干预自然规律，那么求雨和卜筮的迷信活动也不能改变自然规律。他说，祭神求雨而下了雨，这是为什么呢？这是没有什么的，就像不祭神求雨而下了雨是一样的。求雨或不求雨，与天下雨不下雨其实毫不相干。对于鬼神，荀子解释说，人们看见所谓的鬼大多是在精神恍惚、疑惑不定的时候，并不是真有什么鬼。他讲过这样一个故事：在楚国夏水口的南边，有一个叫涓蜀梁的人。这个人愚蠢而胆小。一次，他在月光明亮的夜晚走路，低头见到自己的影子，以为地上伏着一个鬼；抬头看到自己的头发，又认为是站着一个妖怪。于是吓得回头就跑，等回到家，竟吓得失气而死。荀子认为正是由于思虑不清，心中捉摸不定，才会在夜晚把横卧的石头当成躺着的老虎，把直立的树木当成站着的人。所以鬼神不过是人的一种错觉，并不是真有鬼神。这是一种相当进步的无神论思想。

人们的意志不能干预自然，那么，是否就意味着人在自然面前无所作为呢？当然不是。荀子紧接着又提出了“制天命而用之”的思想，强调在掌握自然规律的基础上改造自然。

春秋战国是中国思想史上首屈一指的黄金时代，智者们对于人性之谜、社会之谜、历史之谜、思维之谜发出了强有力的挑战，并取得了丰硕的思想成果。而荀子的“人定胜天”，则是一封向自然界发出的挑战书，具有独特的意义，同时也体现了黄金时代的人们在改造自然、发展生产时的蓬勃朝气和坚定信心。

除此之外，荀子“藏富于民”的思想也难能可贵。严格说来，这一思想来源于西周时候的姜子牙。有一次，西伯侯姬昌问姜子牙：“怎么样才能得到天下呢？”姜子牙说：“王者之国，使人民富裕；霸者之国，使士富裕；仅存之国，使大夫富裕；无道之国，国库富裕。这叫做上溢而下漏。”西伯昌马上让人打开粮仓赈济穷人，于是百姓欢欣鼓舞，西周日益强盛。

在姜子牙思想的基础上，荀子明确指出：“故王者富民，霸者富士，仅存之国富大夫，亡国富筐箧，实府库。筐箧已富，府

青出于蓝而胜于蓝。 ——荀 子

库已实，而百姓贫，夫是之谓上溢而下漏，入不可以守，出不可以战，则倾覆灭亡可立而待也。”这段话的意思是说：王道的国家是令人民富足，霸道的国家是令军队强大，苟且存在的国家，是在用令官吏富足的办法让他们帮助治理国家而存在，灭亡的国家，国君贪享乐，只令自己富足。君主敛财已经足够多了，政府的国库都已经满了，但是人民贫苦，这就称为国富（君富）而人民穷了，面对敌国进攻不能防守，也无力攻打别国，这样的国家是该灭亡的时候了。

孔子和孟子都喜欢谈“仁政”和“王道”，那么荀子所提倡的“藏富于民”，正是最大的“仁政”和“王道”之一。“藏富于民”涉及社会财富如何分配的重大问题，这一真知灼见，与现代民主社会里的思想家的某些观点不谋而合。

韩非子：法治为大

在中国古代，所有的智者都渴望遇到明君，可惜却往往难以如愿，因为昏君是常态，明君只是非常态。同样，所有的明君也都渴望遇到智者，但真正能始终善待智者的明君却如凤毛麟角，因为反复无常、难以捉摸本是人类君主的共性，就连明君也不例外。

秦始皇和韩非的故事，就很让人感喟。

韩非本是战国时期韩国的一位贵族公子，他的学问很深，文章也写得很漂亮。有一天，秦始皇读了他写的文章，感慨地说："如果我能见到这个人，并同他交朋友，就是死了也没有什么遗憾的。"

秦始皇决定以一种奇特的方式达到目的，他命令自己强大的军队猛攻弱小的韩国，以交出韩非作为休战的条件。韩国哪里是强秦的对手，只得交出韩非以换取停战。

这时，韩非的同学李斯正在秦国做宰相，他听说韩非要来，顿生嫉妒，竟然不顾同窗情义，在秦始皇面前大进谗言。他说："韩非是韩国的公子，即使大王重用他，他也肯定不会诚心实意地为秦国效力；如果不重用他，将来他回到韩国后，必定会成为大王统一天下的后患。依臣之见，不如找个罪名把他杀掉，以了却一桩心事。"

秦始皇居然把自己曾经的感慨全然忘掉，竟觉得李斯的话有几分道理，但对韩非是杀是留，一时拿不定主意，便下令把他暂时囚禁起来。在狱中，蒙在鼓里的韩非还傻呵呵地问狱吏："我究竟犯了什么罪?"狱吏说："一棵树上不能栖两只雄鹰，一个笼子里不能关两只老虎。你和李斯都是有才干的人，当今之世，这样的人不是被重用就是被杀掉。你就认命吧!"

韩非这才醒悟过来。为了避免受辱，他当晚便自缢于狱中，年仅47岁。过了几天，秦始皇要见韩非，当他听到噩耗后，连声说："可惜，可惜。"

韩非是先秦法家的杰出代表，他融汇了商鞅、申不害、慎到等法家的思想成果，建立了一个将"法"、"术"、"势"结合起来的思想体系。"法"是指法令条文，"术"是指国君驾驭群臣的权术，"势"是指最高统治者的特殊地位和权势。韩非指出，这三者密不可分。如果只讲法不讲术，那就无法对付搞阴谋诡计的人。而只讲术不讲法，就无法对付乱臣贼子。有了"法"和"术"还不够，君主还须有权有势，只有保住政权，居于最高的地位，才能顺利地推行"法"和"术"。他的这一套理论很对秦始皇的口味，成为秦始皇乃至后世的许多君主实行中央集权统治的思想武器。

如果韩非只是一个钻研统治术的学者，那么他的价值是比较有限的。真正使他成为高大的思想者的，是他的"法不阿贵"和进化历史观。

在中国历史上，韩非第一次明确提出了"法不阿贵"的思想，主张"刑过不避大臣，赏善不遗匹夫"。这是对中国法治思想的重大贡献，对于清除贵族特权、维护法律尊严，产生了积极的影响。

韩非的进化历史观在当时是十分进步的。他看到了人类历史的发展，并用这种发展的观点去分析人类社会的过去、现在和将来。他把人类历史分为上古、中古、近古、当今几个阶段，进而说明不同时代有不同时代的问题和解决问题的方法，那种想用老一套办法去治理当世之民的人都是"守株待兔"之徒。因此，他

刑过不避大臣，赏善不遗匹夫。——韩非子

主张改革图治，变法图强，提出了“世异则事异”、“事异则备变”的观点。

韩非是著名的口吃患者。人们常说口吃是因为思维快过了表达，那么对韩非来说，他的思想大大快过了他的时代。

陆贾：书生意气

陆贾，大约是继孟子之后最有气场的儒生，也是将“书生意气”挥洒得最淋漓尽致的人。

和孟子一样，陆贾也喜欢和王侯直接较量，并以思想的锐气挫败对手。他较量的第一个对象，是南越王赵佗。

在汉高祖刚平定中国的时候，赵佗也平定了南越，并在那里自立为王。高祖考虑到天下初定，百姓劳苦，就没有诛杀赵佗，还派遣陆贾带着赐给赵佗的南越王之印前去任命。陆贾到了南越，赵佗梳着当地流行的一撮锥子一样的发髻，像簸箕一样地伸开两腿坐着，接见陆贾。陆贾就此向赵佗说道：“您本是中国人，亲戚、兄弟和祖先的坟墓都在真定。而现在您却一反中国人的习俗，丢弃衣冠巾带，想用只有弹丸之地的小小南越来和天子抗衡，那你的大祸也就要临头了。况且秦朝暴虐无道，诸侯豪杰都纷纷而起，只有汉王首先入关，占据咸阳。项羽背叛盟约，自立为西楚霸王，诸侯们都归顺于他，可以称得上是强大无比。但是汉王从巴蜀出兵之后，征服天下，平定诸侯，杀死项羽，灭掉楚国。五年之间，中国平定。这不是人力所能办到的，而是上天辅佐的结果。现在您在南越称王，不愿意帮助天下人讨平暴逆，汉朝将相都想带兵来消灭您。但是天子爱惜百姓，想到他们刚刚经历了战争的劳苦乱离，因此才暂且罢兵，派遣我授予您南越王的金印，剖符为信，互通使臣。您理应到郊外远迎，面向北方，拜倒称臣，但是您却想以刚刚建立、还没有把人心收拢起来的小小南越，在此桀骜不驯。倘若让朝廷知道了此事，挖掘烧毁您祖先的坟墓，诛灭您的宗族，再派一名偏将带领十万人马来到越地，那么南越人杀死您投降汉朝，就如同翻一下手背那么容易。”赵佗听罢，立刻站起身来，向陆贾道歉说：“我在蛮夷中居住得时间长了，所以太失礼仪了。”接下来通过几天的促膝交谈，赵佗对口若悬河的陆贾越来越佩服，终于答应受封称臣。陆贾完成使命还朝之后，高祖非常高兴，任命他为太中大夫。

陆贾第二个较量的对象，就是汉高祖本人。汉高祖是粗人出身，对儒生一向很轻视。曾经有个儒生想和他说几句话，他竟然拿下那人的儒冠，往里面撒尿。所以，这一次陆贾是“明知山有虎，偏向虎山行”。

一天，陆贾又在汉高祖面前谈论《诗经》《尚书》等儒家经典，高祖很不高兴，对他大骂道：“老子的天下是靠骑在马上南征北战打出来的，哪里用得着《诗》《书》!”陆贾回答：“您在马上可以取得天下，难道您也可以在马上治理天下吗？商汤和周武，都是以武力征服天下，然后顺应形势以文治守成，文治武功并用，这才是使国家长治久安的最好办法啊。从前吴王夫差、智伯都是因极力炫耀武功而致使国家灭亡；秦王朝也是一味使用严酷刑法而不知变更，最后导致自己的灭亡。假使秦朝统一天下之后，实行仁义之道，效法先圣，那么，陛下您又怎么能取得天下呢?”高祖听完之后，面露愧色地对陆贾说：“那就请您尝试着总结一下秦朝失去天下、我们得到天下的原因所在，以及古代各王朝成功和失败的经验教训。”这样，陆贾就奉旨大略地论述了国家兴衰存亡的征兆和原因，一共写了12篇。每写完一篇就上奏给皇帝，高祖没有不称赞的，左右群臣也是一齐山呼万岁。

陆贾以前瞻性的思维和高度的忧患意识，阐明了“马上得天下，但不能马上治天下”的道理。他的这12篇文章合在一起被

马上得天下，但不能马上治天下。 ——陆 贾

称为《新语》，后来成为历代皇帝的必读之书。

陆贾的思想核心是儒家的“施仁义”，同时又吸收了老庄的“自然无为”。所谓自然无为，并非要求政府什么都不管，而是要求政府不要恣意妄为，尽量对民间事务少干预。陆贾认为，政府只要顺应自然法则行事，适时、适可而为，那么什么事情都做得很好了，可是看起来好像根本没动手。例如，当民间太穷时不要加赋加税，即使加得很少，群众也负担不起；当民间富裕了之后，即使成倍加赋加税，群众也感觉不到。

陆贾指出：“政府干涉的民间事务越多，天下就会越乱；法律订得越详细，执行越苛刻，违法犯罪的现象就越多。”他说：

“古代英明的虞舜治理天下时，弹五弦之琴，歌《南风》之诗，超然好似并不把自己当成君王，也从不自作聪明随意干涉百姓的事务，但天下太平大治。”这正是他理想中的政治图景。

陆贾还特别重视总结历史规律。“前车之鉴，后事之师”这一著名论断就是他提出来的。他说，善于谈论历史的人，必定善于融合古今之事，进行考察和验证，从中认识到历史发展的规律。如果要评选中国文化的十大金言，这八个字定能入选。

《淮南子》：塞翁失马

老子说过一句很有名的话：“祸兮福之所倚，福兮祸之所伏。”这句话被后来的人常常引用。意思是说，祸是福产生的前提，而福又含有祸的因素，它们并不是永恒不变的。在一定的条件下，福就会变成祸，祸也能变成福。

汉朝有一部叫《淮南子》的书，这部书的内容很多是根据老子的思想写成的。其中有一个“塞翁失马”的故事，很生动地说明了“祸兮福之所倚，福兮祸之所伏”的道理。故事是这样的：

从前有一个人，住在距离塞上不远的地方。有一天，他养的一匹马忽然逃到塞外去了。邻人们都替他惋惜，他的父亲却说：“怎知道这不会成为一件好事呢?”

过了几个月，那匹马又跑回来了，并且带来了一匹匈奴的骏马。邻人们又都来庆贺，他的父亲说：“怎知道这不会变成一件坏事呢?”

家里有好马，他又是一个喜欢骑马的人，结果堕马跌折了脚骨。邻人们都来慰问，他的父亲却说：“怎知道这又不会成为一件好事呢?”

过了一年，匈奴兵大举入侵，附近的青壮年大都被征去当兵，在战争中牺牲了。他却因为跛脚未能出征，和父亲一起保全了性命。

这就是后来人们常常说的“塞翁失马，焉知非福”这一成语

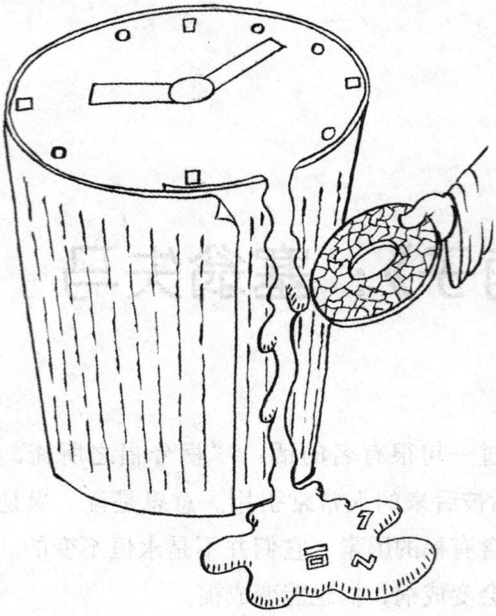

圣人不贵尺之璧，而重寸之阴。 ——淮南子

的由来。

这个故事里所说的好事和坏事，都是从个人和家庭狭隘利益的角度来衡量的。但是，它反映了古代思想家从实际生活经验中，已经认识到好事和坏事可以互相转化的辩证法原理，没有把对立物的双方看做死的、凝固的东西，而是看做生动的、可以变动的东西。

《淮南子》又名《淮南鸿烈》，是西汉淮南王刘安招致宾客，在他主持下编写的。该书以道家思想为主，糅合了儒法阴阳等家，融会贯通而成。《淮南子》在阐明哲理时，旁涉奇物异类、鬼神灵怪，保存了一部分神话材料，像“女娲补天”、“后羿射日”、“共工怒触不周山”、“精卫填海”等古代神话，主要靠本书得以流传。其中共工、精卫身上，很鲜明地反映出一种“知其不可为而为之”的精神，恰好与老子的“无为”思想相映成趣。

《淮南子》中还有不少流传千古的格言警句，闪烁着绚丽的思想火花。这里仅举三例：

“圣人不贵尺之璧，而重寸之阴。”这句话堪称中国式惜时思想的源头。后来的汉乐府《长歌行》便有这样的诗句：“百川东到海，何时复西归？少壮不努力，老大徒伤悲。”晋朝陶渊明也有惜时诗：“盛年不重来，一日难再晨，及时当勉励，岁月不待人。”唐末王贞白《白鹿洞》诗中更有“一寸光阴一寸金”的妙喻。

“言而有信，期而必当，天下之高行也。”这句话则体现了中国式诚信思想。意思是，说出话来就一定守信用，与人相约必当其时，这是天下高尚的德行。

“兰生幽谷，不为莫服而不芳；舟在江海，不为莫乘而不为；君子行义，不为莫知而止休。”这句话是说，君子行仁义之事是出于自己的本性，而不是为了求名。

其实，像《淮南子》这样的书，不正像一株幽谷的兰草吗？静静地生长在偏僻的地方，并不在意有多少人前来观赏，而一旦你走近它，就会感到那低调而持久的清香。

司马迁：向死而生

公元前1世纪的西汉时期，在华夏土地上，诞生了一部千古不朽的伟大著作——《史记》。这部多达50多万字的巨著，是杰出的史学家司马迁披肝沥胆，历经18个春秋撰写而成的。在这部皇皇大书上面，闪烁着司马迁光耀千古的不朽思想。

司马迁出身于史官世家，父亲司马谈是汉景帝时的太史令，主要掌管“文史星卜”一类事情。司马谈官职虽然不高，但胸怀大志，立志要撰写一部像《春秋》那样完整的史书，遗憾的是，他至死都没有实现自己的愿望。司马谈临终前留给儿子的遗言，就是希望他能完成自己未竟的事业，司马迁流着热泪接下了父亲嘱托的神圣使命。

司马谈死后3年，司马迁继承父职做了太史令。经过3年的充分准备，司马迁开始撰写《史记》。就在司马迁埋首写作的第7个年头，即公元前98年，天有不测风云，一场巨大的灾难降临到他的头上。那一年，西汉名将李广的孙子李陵战败，投降了匈奴。司马迁在汉武帝面前直率地说出了自己对这件事的看法，汉武帝认为他是在为李陵辩护，盛怒之下，将他投入大牢，并施以最为耻辱的刑罚——宫刑。当时司马迁真想一死了之，但他想到自己未完成的事业，就咬紧牙关，活了下来。出狱以后，司马迁依然不坠大志，发奋著书。他将自己全部的爱、恨、悲、愤，以至全部的血泪，都凝聚于笔端，倾注到《史记》的写作之中。

一天，司马迁正在写作《史记》，有个朋友前来探望他。这位朋友拿起司马迁的书稿读了起来。他读的是《李广列传》。司马迁在传记里描写李广退敌、脱险、射虎，件件写得惟妙惟肖，神采飞扬，字里行间充满了敬佩之情。但同时，司马迁也写了李广官报私仇等缺点。朋友读完后，很不理解地问司马迁："你那么爱戴李广，为什么还写他的缺点呢？你这样写将军的缺点，流传后世，岂不有损将军的形象吗？"

"我写的是历史，信，是第一条，怎能以个人爱憎去歪曲历史真相呢？"司马迁反问道。

司马迁还告诉朋友，他尽管同情项羽，但也详细地写出了项羽必然失败的命运；他尽管厌恶刘邦，但也具体地写出了刘邦必

不飞则已，一飞冲天；不鸣则已，一鸣惊人。

——司马迁

然成功的条件。对于西汉以来的几个皇帝的不良品格，如汉高祖的流氓相、汉文帝的阴忍、汉景帝的刻薄，甚至包括“当今”皇帝汉武帝“内多欲而外施仁政”的两面派作风，他都丝毫未加掩饰，秉笔直书。因为这样写，“不虚美，不隐恶”，才是真实的历史人物，也才是真实的历史。倘若不这样写，而是文过饰非，那么，这样的史书又有什么传世的价值呢？

为后代留下真实的历史，这是史学家的最大功德和最美思想。司马迁以“向死而生”的勇气和“著史崇信”的精神，写下了历史，自己也成为彪炳史册的巨人。

桓谭：生如火烛

在中国思想史上，有许多惊心动魄的时刻，有时生死只在一瞬间。

西汉末年至东汉初年，那是一个谶纬广泛流行的时代。谶纬，又叫图谶，是一种用诡秘的隐语来预决凶吉的古代宗教预言。东汉开国皇帝刘秀就对此深信不疑，他不仅养了一大批整日算命占卜的巫师，而且还大兴土木，修建占卜的场所。有一次，他想在京城附近建造一座“灵台”，用来观察天象的变化，以预测凶吉。究竟建在哪儿呢？他犹豫不决，于是特意召见群臣，商议是否用谶纬来决定地址。

正在众臣热烈讨论的时候，刘秀把眼光转向待诏桓谭。

年过八旬的桓谭，早以反对谶纬著称。他曾多次向刘秀上书，指出谶纬是没有任何事实依据的骗人把戏，希望皇上能够疏远那些巫师和方士。可是刘秀一点也听不进桓谭的话，仍然乐此不疲。

“爱卿，你对朕用谶有什么看法呀？”刘秀傲慢地问。

“恕臣直言，我从不读谶。”桓谭冷冷地说。

“那么，朕用谶你究竟是赞成还是反对？”

“陛下，您这是在明知故问。朝野上下谁不知道，我桓谭一向反对用谶，如果陛下愿意听我的理由，我可以再度详加陈述。”

“放肆！”早就憋了一肚子火的刘秀忍不住了，“你这是非圣上无国法。来人啦，将这个老家伙给我推出去斩了！”

大殿里的气氛顿时凝固了。桓谭在朝廷德高望重，深受众臣爱戴。几位上了年纪的大臣见状，忙下跪向刘秀求情。刘秀念桓谭是位老功臣，便免了他的死罪，但还是将他逐出朝廷，贬到外地任郡丞。年迈的桓谭受不了这样的打击，几天后，就病死在赴任的途中。

桓谭反对谶纬是深思熟虑的结果。多年来他坚持观察自然现象，认真总结古人对宇宙的认识，形成了坚定的无神论思想。古时候，人们都相信长生不老，可桓谭偏偏不信。有一次，桓谭与大学者刘歆讨论长生不老的问题，刘歆的侄子在一旁说：“老天爷生出一些杀人药物，必定也会生出使人长生不死的药物。”桓谭说：“非也。那些杀人药物因与人性不合，所以能置人于死地，譬如巴豆可以毒死鱼，巩石可以毒死老鼠……这都是药性的作用，而不是老天爷有意这样安排的。”

他接着说道：“人们可以用药物染黑头发，也可以用补药延年益寿，但终究阻止不了死亡的到来。我想，您叔侄二位见多识广，但一定没有见过长生不老或长生不死的人吧。”

对于人死后可以变成神仙的说法，桓谭用一个巧妙的比喻加以驳斥。他说，鼓吹神仙的人都以为人的形体死了，但精神不死，照样可以转变为鬼神。其实不然，人的形体死了，精神也就没有了。这就像燃烧着的蜡烛，形体犹如蜡烛，精神犹如烛火，蜡烛烧光了，烛火也就没有了。

这个比喻在当时产生了很大的影响，它有力地打击了谶纬迷信说。谶纬迷信最主要的观点，就是灵魂不死或精神不死，桓谭用烛火喻形神，十分形象地使这一观点的谬误不攻自破。

不过，桓谭的烛火之喻还留有一个缺陷，就是它还不能回答“烛火转移”的问题。后来有一个名叫慧远的佛学大师抓住了这一缺陷，说当一根蜡烛将尽时，可以将火引到另一根蜡烛上去，据此他提出了“神不灭论”。最后还是南朝的范缜用“刃利之喻”弥补了这个缺陷。他说，精神不能离开形体，就像“锋利”不能离开刀刃一样。这个比喻一出，宣扬鬼神论的人就无隙可乘了。

从烛火到刃利，无神论者的思想之剑是越来越锋利了。

值得一提的是，除了神不灭论，范缜对于佛教的另一个主要观点——因果报应也进行了批判。

南齐的宰相——竟陵王萧子良是一个笃信佛教的人。一天，他把范缜叫到家里来问道："你不相信因果报应，那么，你倒说说，为什么有的人生下来富贵，有的人生下来就贫贱呢？"

范缜不慌不忙地说："这没有什么奇怪。打个比方，人生好比树上的花瓣。花经风一吹，花瓣随风飘落。有的掠过窗帘，落在坐席上面；有的吹到篱笆外，落在茅坑里。"

萧子良瞪着眼睛，一下子还不明白范缜说的是什么意思。范缜接着说："落在坐席上就像您；落在茅坑里的，就像我。富贵、贫贱，就是这么一回事，哪里有什么因果报应呢？"

一席话说得萧子良哑口无言。

公允地说，佛教的神不灭论和因果报应说，自有其抚慰人心或劝人行善的价值。但范缜的两个比喻，实在是机智、巧妙、锐利。它们就像两片思想的花瓣，历经千年而依然鲜活。

王充：知学有力

一提起“知识就是力量”这句名言，你可能马上就会想到英国人培根。其实，有一个中国人早在培根之前，就说过类似的话，这个人的名字叫做王充。

王充是东汉时期杰出的思想家和教育家。他在《论衡》一书中，提出了这样一个光辉的命题：“人有知学，则有力矣。”用我们今天的话说，就是“人有知识和学问就有力量”。王充生活在公元1世纪，而培根则是17世纪的英国哲学家。这就意味着，同样一个命题的提出，王充比培根至少要早1500多年。

而且，培根所说的“知识”，一般只是指自然科学知识；而王充所说的“知识”，不但包括自然科学知识，还包括今天我们所说的社会科学方面的学问。这就是说，王充对“知识”含义的理解，比培根更全面，眼界也更开阔。

比方说吧，王充将有力量的人称为“文力之人”。“文力之人”，就是“儒生力多者”，即我们今天所说的“知识分子”。王充说过，“夫壮士力多者，扛鼎揭旗；儒生力多者，博达疏通”。所谓“博达疏通”，就是说知识渊博而又融会贯通，学以致用。也就是说，在王充看来，要有力量，就必须有丰富的知识，知识越丰富，力量越大；但光有丰富的知识还不够，还必须会应用，不会应用，同样没有力量。有人问王充：“说一经之儒，可谓有力者?”意思是，只是根据一位老师的传授，简单地背诵和解释

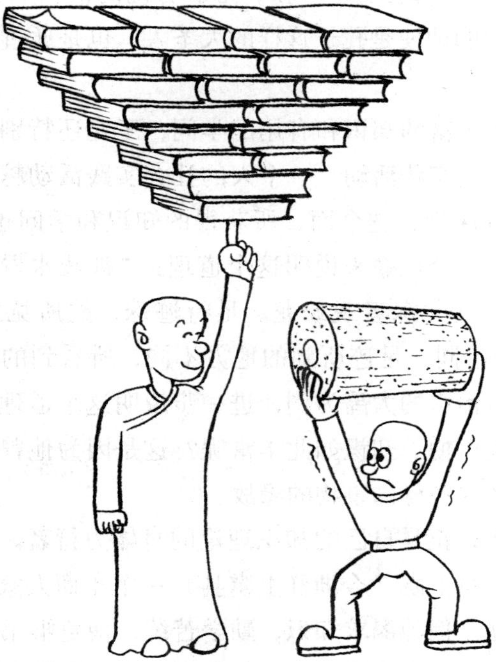

人有知学，则有力矣。 ——王 充

经文的书生，可以说是有力量的人吗？王充回答："非有力者也。"为什么呢？因为这类人的知识既不广，又不多，仅有的一点可怜的知识，也只是停留在死记硬背上，不会应用，当然谈不上有什么力量。

知识既然如此重要，那么知识是从哪里来的呢？对此，王充也有非常精辟的见解。

要想获得知识，就必须学习。这是王充的基本观点。王充反对"生而知之"的说法，坚持"学而知之"的观点，断言一切知识无一是从娘胎里带来的，而都是来自后天的学习。在王充所处的时代，社会上流行"圣人能前知千岁，后知万世"的说法，王充认为这是无稽之谈。王充断言"不学自知，不问自晓"的人和事，从古到今都是不存在的，就连"圣人"也不例外。要"知"就必须"由学"，"学之乃知，不问不识"，这对任何人来说都是一样。王充还举《论语》一书中孔子所说的话“吾非生而知之者”为证，说明即使是孔子这样的大圣人，也是通过学习才获得知识的。

为了获得丰富的知识和有用的学问，王充还特别主张，人们应当多参加社会实践活动。一个人的社会实践活动越广泛、越深入，认识就越深刻、越全面，所获得的知识和学问也就越广博、越有用。他用一个比喻来说明这个道理：“涉浅水看见虾，其颇深者察鱼鳖，其尤深者观蛟龙。足行迹殊，故所见之物异也。”“下水”深浅不同，足迹所到的地方不同，所看到的景物也就不同。王充还以治水的大禹为例，进一步说明这个道理。为什么大禹的见闻如此广博、知识如此丰富呢？这是因为他曾到过许多地方、接触过各种各样的事物的缘故。

王充本人，正是自己的知识理论的身体力行者。公元 27 年，王充出生于会稽上虞（今浙江上虞县）一个小商人家庭，幼年丧父，家境贫寒。但他渴求知识，勤学苦练，博览群书，而且善于独立思考。因为家穷无钱买书，相传王充经常到洛阳街上卖书的店铺里去看书，一看就是一天。由于王充有非凡的记忆力和很强的思考能力，一篇文章一经过目即可不忘，因此，他在书铺中不但饱览了百家之书，而且也记下了百家之言。在学术上，王充从不偏执于一家的学说，而是能“博通众流百家之言”，成为一位通晓古今、博采众长、知识丰富、才华出众的大学者，有“汉代一人”之称。

王充是世界上最早提出“人有知学则有力”的思想家。他对知识和知识分子的认识，在世界思想史上都处于领先的地位。

张衡：天地如卵

天和地究竟是什么模样？不同时期和不同民族的人，曾经有过许多奇特的想象。

古代巴比伦人认为大地像一个巨大的圆屋顶，或者是一座从无底深渊中升起的空心山。

古代希腊人则认为大地像一块圆盾，圆盾的四面都是大海。

古代印度人认为，有三头站在巨大的乌龟背上的大象，驮着大地这块圆盾。

古代埃及人设想大地是一个斜躺着的神，他的躯体上长满了植物，天是一个弯着腰的女神，太阳神每天乘航船驶过天空。

现在看来，这些看法是荒诞不经的。但在远古时代那漫长的日日夜夜里，这些童话般的优美想象曾经慰藉了多少孤独的心灵，又点燃了多少孩子神往的眼神。

当然，人类关于天与地的思想不能总停留在孩提时代，而是不断地向前迈进。随着社会生产的发展、科学的进步，人们的活动范围越来越大了。特别是指南针的发明，使人们能够走得很远很远。不少人根据自己的发现，对上面那些猜想产生了怀疑，慢慢地开始有人提出大地是一个巨大圆球的学说。

公元前300多年，著名的古希腊哲学家亚里士多德发现，月食是由于地球挡住了射向月亮的阳光而造成的。他根据地球投在月亮上的阴影形状，推断大地是个球体。

中国东汉时的著名天文学家张衡（公元78—139年），也根据月食时地球的阴影形状，设想大地是个圆球。他在《浑天仪图注》一书中写道："浑天如鸡子。天体圆如弹丸，地如鸡中黄，孤居于内，天大而地小。……天之包地，犹壳之裹黄。"

天地如卵，这个形象的比喻不仅具有石破天惊般的美感，而且朦胧地触及了宇宙间的真相。而在张衡的"浑天说"之前，中国人又具有什么样的天地观呢？

自古以来，中国人一直以为天是圆的，像一把张开的伞，地是方的，像一个棋盘。天就像一只巨大的碗反扣在大地上，这叫"盖天说"，也叫"天圆地方"说。相比之下，张衡的"浑天说"具有突破性的意义。

即使与亚里士多德相比，张衡也别具光彩。他不仅独立地提出了大地是个球体的观点，而且比亚里士多德的理论更深入更全面，同时也进行了大量与此有关的科学实践活动。公元117年，张衡制成了"浑天仪"。和他所设计的"地动仪"一样，浑天仪也采用铜铸，是一个可以转动的空心铜球。铜球外表刻着二十宿和其他一些恒星的位置，里面有一根铁轴贯穿，轴的两端分别象征北极和南极。浑天仪内有几层铜圈，可以转动，分别代表地平圈、子午圈、黄道圈、赤道圈。黄道和赤道上各刻有二十四个节气。为了模拟天体的运动，张衡利用水力推动齿轮的原理，用滴壶滴水转动齿轮，带动空心铜球绕轴旋转。铜球转动一圈的速度和地球自转的速度相等，这样，人们从浑天仪上便可以看到日月星辰的运行情况。

张衡在天文学上有过众多的贡献。他曾从太阳、月亮和地球所处的不同位置，对日食和月食现象作出中国最早的科学解释。他还正确地说明了月亮本身并不发光，月亮光是受到太阳的照射后反射出来的。

他曾用肉眼观测星星，并将观测结果绘成一幅星图。当时，张衡所在的中原地区能看到的星星有2500多颗，这与现代天文学家的统计数字基本相同。

人生在勤，不索何获？ ——张 衡

张衡博学多才，有多方面的成就。他给后人留下了三大名器——观察天象的浑天仪、预测地震的地动仪和预测风向的候风仪；他完成了一部天文学巨著《灵宪》，绘制了中国最早的星图《灵宪图》；他曾算出圆周率为 3. 1622776；他能诗善画，29 岁时曾写过广为人们传诵的《东京赋》和《西京赋》，他画的画，使他进入东汉四大名画家之列。

一般人只要有上述任何一项成就，都足以名垂青史。所以，现代文史学家郭沫若为张衡墓题词道：“如此全面发展之人物，在世界史中亦所罕见。”

华佗：悬壶济世

公元208年，一位身陷囹圄的老者将要被处决，他在赴刑之前，把早已写好的医书《青囊经》取出，交给狱吏，对他说："这本书留给后人吧，它可以帮助人医治疾病，解除老百姓的痛苦。"然而，狱吏害怕承担罪名，不敢接受。老者长叹一声，怀着悲痛的心情将此书投入火中。一部凝结着"旷世神医"心血的巨著，就这样化为了灰烬。

这位置个人生死于度外、临死仍不忘济世救民的老者，就是东汉末年、三国初期的医学家和药物学家华佗。

华佗生逢乱世，他不慕荣华富贵，鄙视功名利禄，一心只想做好一个民间医生。太尉黄琬劝他出来做官，沛国相要以孝廉名义荐举他于朝廷，都被他先后谢绝了。他身穿布衣，手捏金箍铃，不辞辛苦地跋山涉水为群众治病，足迹遍布江苏、河南、山东、安徽等地。他经常在路边设一个桌子给过路的病人看病。他特别关心穷人，为穷人治病有时分文不取。

华佗精通内科、妇产科、小儿科和针灸科，对外科则特别擅长。他被奉为外科鼻祖，他所做的外科手术是世界外科手术史上的重大突破。一次，有两个人用车推着一个病人到华佗诊所看病。病人腹部疼得厉害，面色苍白，两腿弯曲且精神萎靡不振。华佗给病人摸了脉搏，而后轻轻地解开病人的衣服，用手按按肚子，病人突然怪叫了一声。他又仔细地望了望病人的神色，对病者家属说："生的是肠痈（阑尾炎），要立即开刀！"于是把病人抬上手术台。华佗让病人用酒送服"麻沸散"，过了不一会儿，病人失去知觉。他又让徒弟给病人腹部涂药消毒。手术的准备工作完成了，华佗用消过毒的刀将病人腹部剖开，他把手伸入腹腔，割去阑尾，再用药制的桑皮纸线缝好刀口，敷上特制的消炎药膏。做完手术，华佗告诉病人家属："过七八天刀口就会长好，一个月后就可参加劳动。"

"麻沸散"是华佗的一大贡献。华佗是世界上第一个发明麻醉剂并使用它进行全身麻醉的医学家。直到1800年，英国人才发现氧化亚氮能在外科手术中起麻醉作用，1844年美国才开始用它治疗牙齿，1846年美国才有人开始做全身麻醉。这些发明和应用，比起华佗来要晚1000多年。

华佗在内科方面的诊断技术也相当高明。他能够准确地掌握各种病症的规律，通过对病人面目、形色、病状的观察，可以判断病人的吉凶，甚至可以预见一个人的生死。一次，华佗走进盐渎（今盐城）的一家酒店。看见严昕正和朋友饮酒。华佗仔细观察了严昕的脸色，问他道："你身体不舒服吧？"严昕听了，很惊讶地说："我身体很好呀！"华佗说："你脸上已显示出严重的病状，恐怕要患中风病吧。你可千万别喝酒了！"严昕听后置若罔闻，继续饮酒。回家途中，严昕乘车走了几里路，就从车上晕倒在地。第二天，他就死了。

华佗还创造性地运用"心理疗法"。有一个郡的郡守得了重病，华佗检诊后，退出病房，告诉郡守的儿子说："你父亲得的病很奇怪。他的肚子里积了很多瘀血，服药根本无效，只有他大发雷霆，吐出瘀血，病才会好。"郡守儿子着急地问："怎么才能让他吐出瘀血呢？"华佗说："请你把你父亲的缺点告诉我，我给他写封信，大骂他一顿。他一生气，就会将瘀血吐出来。"后来，郡守看见华佗给他的信，果然动怒了，他气愤地说："华佗简直是侮辱我的人格！"说着，他立刻吐了大量黑血，不久病就痊愈了。

华佗治病，不墨守成规，而是根据病人的不同情况，进行“辨证治疗”。曹操患偏头风病，久治无效，经华佗针刺就不痛了。倪寻和李延两人，也都患头痛发热。华佗给倪寻吃泻药，给李延吃发汗药，结果治好了。别人问他这是什么道理。华佗回答说：“倪寻是伤食，李延是外感，所以治法不能一样。”

曹操的头痛被治好后，他就想把华佗留在身边，做自己的私人医生。可是，华佗想的是让自己的医术服务于广大百姓，认为只有根植于广阔的土壤中，自己的医术才能发展，才能发挥更大的作用。让他专门侍奉一个权贵，他可不干！因此华佗便借口告假回家，一去不回。曹操气不过，派人将华佗抓回关在狱中，并要把他处死。当时不少谋士都一再进谏，说华佗医术高超，世间少有，把他杀掉，也就等于杀了众多有病求医的人。然而曹操刚愎自用，不理睬别人的劝说，终于下令将华佗处死。

华佗去世后，他所标举的“救济天下苍生”的人道主义精神，对后世产生了巨大影响，成为所有医者的精神标杆。中国人常说“不为良相，即为良医”，可见医生这个职业在老百姓心中的分量。而这一良好的口碑，则是华佗再加上扁鹊、张仲景、孙思邈等名医共同奠定的。

同时，华佗的医学思想也有许多闪光之处。例如，华佗继承和发扬了“不治已病，治未病”的思想，主张以预防为主，非常重视体育锻炼对人体健康的作用。他说：“人体必须经常劳动，但不能过度。经常活动能使消化能力强，血脉畅通，不易发生疾病。正如门轴一样，天天转动，就不会长蛀虫。”华佗是古代医疗体育的创始人之一，他创造了一种叫做“五禽之戏”的体育运动。这种体育运动就是模仿虎、鹿、熊、猿、鸟五种禽兽运动姿态的体操。第一种动作是模仿虎的前肢扑捉的姿态；第二种动作是模仿鹿伸扬头颈的姿态；第三种动作是模仿熊侧卧的姿态；第四种动作是模仿猿的脚尖纵跳的姿态；第五种动作是模仿鸟的双翅飞翔的姿态。模仿这五种动物姿态，可以使周身关节、脊背、腰部、四肢都得到舒展，得到充分活动。体质衰弱的人练了五禽戏，可以使体魄健壮起来；患病的人练了五禽戏，可以加速康复的进程；年迈的人练了五禽戏，可以返老还童，容颜焕发，精神旺盛。华佗弟子吴普，由于几十年坚持做五禽戏，活到90多岁，仍然步履轻捷，耳聪目明，牙齿坚固。

华佗的《青囊经》虽然未能传世，但到了宋代，有人借华佗的名义写了一本《中藏经》，将华佗的医学思想作了进一步阐发。《中藏经》非常重视七情、饮食、起居等对人体健康的影响，要求人们"宜节忧思以养气，慎喜怒以全真"，保持心情舒畅、精神愉快，避免不良精神刺激和过度情志波动，以减少疾病的发生；同时还认为自然界四时气候变化必然影响人体，使之发生相应的生理和病理反应。人体疾病的发生，是与自然界息息相关的，只有掌握其规律，适应其变化，才能祛病保健。

以上这些主张，充分体现了中国古代医学"天人相应，顺应自然"的思想精华。从这个意义上说，华佗作为中医学的最重要代表，可谓当之无愧。

阮籍：大人先生

有一种思想家，其生活方式对于后世的影响甚至要大过其思想的影响。在古希腊，这样的思想家首推整天待在木桶里晒太阳的第欧根尼；在中国古代，最著名的恐怕是魏晋时期“竹林七贤”了。

“竹林七贤”的成员包括阮籍、嵇康、山涛、王戎、向秀、刘伶、阮咸，他们志趣相投，结成小团体，用狂放不羁的态度对待人生，还经常在充满野趣的竹林中聚会，毫无顾忌地饮酒唱诗，鸣琴垂钓。这种自由自在、“堕落并快乐着”的生活方式，刺穿了魏晋时期乌云密布的天空。

当时正值三国曹魏政权风雨飘摇之际，司马懿通过政变窃取了大权，他的儿子司马师、司马昭滥用酷刑，肆意屠杀拥护曹魏政权的人士。他们一方面极力铲除异己，另一方面又拼命提倡封建名教，实行思想专制。这些做法引起了士大夫的不满。可是，谁又敢公开站出来对抗呢？许多人只好采取避世隐逸、荒诞乖张的生活态度，“竹林七贤”正是在这一背景下产生的。

七人中阮籍是当之无愧的“老大”。在严酷的政治环境里，他为了保全自己的性命，同时又不放弃自己的政治观点，便以饮酒为名实行“不合作主义”。独揽朝政的司马昭逼阮籍做官，他偏不挑大官而挑小官做，因为“步兵尉营人”会做好酒，他就去做了“步兵校尉”。司马昭派人来说亲，想与他结为儿女亲家。阮籍痛恨司马昭的为人，故意畅饮，竟大醉了整整 60 天，一句

尊显不加重，贫贱不自轻，失不自以为辱，得不自以为荣。木根挺而枝远，叶繁茂而华零。无穷之死，犹一朝之生。身之多少，又何足营？

——阮 籍

话也不说。司马昭只得作罢。

面对混乱黑暗的社会现实，阮籍实在难抒心中抑郁之情，经常在酩酊大醉后驾车而出，直至末路，大哭而回。除了这种内向性的宣泄之外，他还做出种种“出位”的举动，引得世人侧目。例如，阮籍的嫂子回娘家，阮籍偏要去送行，而按照当时的礼法，小叔子是跟嫂子不能打交道的，可阮籍不以为然，在他看来，给嫂子送行才是真正的礼貌，才是真正的合礼合理。“礼”只有在合理的基础上才有意义，否则就是无理。

有一次，有个人在司马昭面前说，现在社会风气很坏，竟有人敢杀死自己的母亲。酣醉初醒的阮籍在一旁说：“杀死父亲还是可以的，为什么要杀死自己的母亲呢？”司马昭说：“杀父也是天大的罪恶，是不忠不孝，无父无君。你怎么能说可以呢？”周围在座的人都以为阮籍失言，替他捏了一把汗。阮籍大笑着说：

“禽兽都知母而不知父。杀父之人如同禽兽，杀母之人连禽兽都不如了。”司马昭听了，觉得这话有道理，便不好再挑刺了。

阮籍的母亲病危时，他正与别人下棋，对方请求暂停，可他还要下。下完后，他“饮酒二斗，举号一声，吐血数升”。母亲去世后，他披头散发，醉眼直视。吊丧时，奸诈小人来了，他以白眼相视，摆出鄙视的样子；朋友来了，他以青眼相视，显得很感动。因此世人又叫他“青白眼阮籍”。

一次，他在游览楚汉相争的战场时，感慨地说：“时无英雄，遂使竖子成名。”表面看来是在讽刺刘邦，其实是在讥讽司马氏父子，对司马氏的专权暴虐表示抗议。

阮籍一生写了许多著作，其中最能体现他思想的，是《达庄论》和《大人先生传》。在《达庄论》中，他继承庄子的思想，提出“天地生于自然，万物生于天地”的观点，把天地、日月、男女、水火、雷电等万物说成是没有差别的“自然一体”。在《大人先生传》中，阮籍极力推崇“大人”的人生境界。所谓“大人”，乃是一种与造物同体、与天地并生、逍遥浮世、与道俱成的存在。为此他猛烈地抨击了封建名教和礼法，指出这些都是儒家的思想传统，它要人们规规矩矩、老老实实地接受封建君主的统治，切不可越礼夺名，乱了本分。在他眼里，天下那些束身修行、足履绳墨的“君子”是多么可笑。说穿了，躬行礼法而又自以为是的“君子”，就像寄生在裤裆缝里的虱子，爬来爬去爬不出裤裆缝，还标榜说是循规蹈矩。明明一个大活人，为什么偏偏要像“虱子”一样生活着？

后人经常说及“魏晋风度”，对那些名士的生活十分艳羡，殊不知这些名士风度背后暗藏着多少血与泪、多少悲与怨。但阮籍和嵇康这些真名士，从来没有被黑色的现实和灰色的情绪压垮，而是活得如此真实、如此性情、如此自由自在、如此悠闲洒脱，超越了礼法与教条，超越了狭隘与污浊。在他们的身上，我们真正看到了生命的自主与自由，真正看到了人格的魅力与人性的光辉。他们是真正活过的“大人先生”！

葛洪：丹心一片

汉末魏晋之际，人们的言谈诗文中普遍流露出一种悲观的生命情调，包含了对于死亡的恐惧，对于生存的眷恋，对于生命短促的哀叹。这几乎成为一种流行病。《古诗十九首》里就反复吟诵："人生天地间，忽如远行客。""人生寄一世，奄忽若飚尘。""浩浩阴阳移，年命如朝露。人生忽如寄，寿无金石固。"徐干《室思》诗中感叹："人生一世间，忽若暮春草。"王羲之《兰亭集序》则说："古人云，死生亦大矣，岂不痛哉！每览昔人兴感之由，若合一契，未尝不临文嗟悼，不能喻之于怀。"东晋孝武帝司马曜晚年更说："自古何有万岁天子邪！"

那么，面对似乎不可避免的死亡，又有两种不同的态度，一是无可奈何地苟且行乐，二是积极地修仙以求得长生不老。东晋的葛洪就是"修仙派"的代表。他在《抱朴子》中先是警告人们说："里语有云：人在世间，日失一日，如牵牛羊以诣屠所，每进一步，而去死转近。"死亡如此恐怖，出路何在？他继而又劝诱人们修学神仙之业："若心有求生之志，何可不弃置不急之事，以修玄妙之业哉？……是以上士先营长生之事，长生定可以任意。若未升玄去世，可且地仙人间。"成仙可以长生不死，至少能够"地仙人间"，解除死亡的威胁。应该说，这种思想一方面夹杂着迷信和荒诞的成分，另一方面也体现了生命意识的强烈觉醒以及觉醒之后的积极有为。

葛洪是中国科技史上一位不可多得的大学者，他对化学、医学、药物学、养生术都有精深的造诣，同时还是中国古代炼丹术的集大成者。古人喜欢炼丹，是指望借金石矿物的精气，使人长生不老，得道成仙。这当然只不过是幻想而已，但是在炼丹的过程中，人们发现了一些物质变化的规律，这就成了现代化学的先声。葛洪正是总结了前人炼丹术的经验，经过长期的观察和实践，发现了许多化学原理，从而成为世界制药化学的先驱。

首先，葛洪发现了化学反应的可逆性。他指出，将丹砂（即红色的硫化汞）加热后，可分解出汞（即水银）；汞再与硫化合，又生成红色硫化汞。其次，他还发现了金属的置换作用。他用胆矾（即天然的硫酸铜）的溶液和铁作用，铁就能取代硫酸铜里的铜。此外，他还把炼丹术应用于外用药物的制作。他认识到铜盐（即碱性碳酸铜）有杀菌的作用；他用雄黄治毒蛇咬伤，很有疗效；他使用炼制后的水银作为主料配成的方药治疗疥癣、恶疮，比意大利 12 世纪时用水银软膏来治疗这些疾病要早 800 多年。

葛洪在医学方面的成就还有很多。例如，他很注意研究急病。他所指的急病，大部分是我们现在所说的急性传染病，古时候人们管它叫“天刑”，认为是天降的灾祸，是鬼神作怪。葛洪在书中说：急病不是鬼神引起的，而是中了外界的疠气。我们都知道，急性传染病是微生物（包括原虫、细菌、立克次氏体和病毒等）引起的。这些微生物起码要放大几百倍才能见到，1600 多年前还没有发明显微镜，当然不知道有细菌这类东西。葛洪能够排除迷信，指出急病是外界的物质因素引起的，这种见解已经很了不起了。

葛洪是中国最早观察和记载结核病的科学家。他在《肘后备急方》里面，记述了一种叫“尸注”的病，说这种病会互相传染，并且千变万化。染上这种病的人闹不清自己到底哪儿不舒服，只觉得怕冷发烧，浑身疲乏，精神恍惚，身体一天天消瘦，时间长了还会丧命。葛洪描述的这种病，就是现在我们所说的结核病。葛洪的《肘后备急方》中还记载了一种犬咬人引起的病症，也就是今天所说的狂犬病。在古时候，对这种病没有什么办法治疗。葛洪想到古代有以毒攻毒的办法，从而冒出一个大胆的念头：疯狗咬人，一定是狗嘴里有毒物，从伤口侵入人体，使人中了毒。能不能用疯狗身上的毒物来治这种病呢？他把疯狗捕来杀死，取出脑子，敷在狂犬病人的伤口上，果然有的人没有再发病了。葛洪采用的方法含有免疫的思想萌芽，称得上是免疫学的先驱。众所周知，种牛痘可以预防天花，注射脑炎疫苗可以预防脑炎，注射破伤风细菌的毒素可以治疗破伤风。这些方法都是近代免疫学的研究成果。欧洲的免疫学是从法国的巴斯德开始的。他用人工的方法使兔子得狂犬病，把病兔的脑髓取出来制成针剂，用来预防和治疗狂犬病，原理与葛洪的基本上相似。巴斯德的工作方法当然比较科学，但是比葛洪晚了1000多年。

葛洪和他的妻子鲍姑，曾长期隐居于广东罗浮山。罗浮山风景优美，气候宜人，山上生长着种类繁多的药材。葛洪夫妇住在山里，每天或炼丹、采药，或结伴畅游山林，飘然世外，远离当时社会上的动乱和喧嚣。葛洪到晚年鹤发童颜，行动举止就像天上来的仙人。他医术高超，时常给山民治病，几乎都是手到病除，当时山民都尊敬地称他为“葛仙翁”。

葛洪活了60岁，其实并不算高寿。但他的一生，无疑是充实的、快乐的、幸福的。可见，生命的长度，并不是幸福与否的决定因素。战胜死亡的也不是肉体的不死，而是事业的不朽和思想的永生。

祖冲之：美妙圆周

圆形、正方形、长方形、梯形……这些看似简单的几何图形，是人类对于大自然的伟大抽象，是智慧的结晶，也是优美的源泉。

古希腊人就无比珍爱着这些优美的图形，甚至升华成一种"几何人生"。哲学家芝诺画了一个圆，然后说：圆里面是我掌握的知识，圆外面是我未掌握的知识，圆的面积越大，所接触的无知面就越多啊！

正是因为几何图形，阿基米德付出了自己宝贵的生命。当入侵的罗马士兵闯入他的住宅时，他还在地上埋头解几何题，士兵将图踩坏，阿基米德怒斥道：不要弄坏我的图形！士兵拔出短剑，这位旷世绝伦的大科学家，就这样在愚昧无知的罗马士兵手下丧生了。

在所有的几何图形中，三角和圆显得特别美妙，但勾股定理和圆周率的荣誉却不属于视几何图形为生命的古希腊人，而一直是中国人的骄傲。

早在三国时，数学家赵爽就完美地证明了勾股定理。而且他采用了"弦图"的巧妙方式，没有公式，甚至不需要文字。所以，华罗庚感慨地说，"弦图"可以直接拿给外星人看。我们进而可以想象，外星人不仅一看就明白，而且还会说：地球人多有智慧啊！

至于圆周率的骄傲，则是祖冲之在另一位数学家刘爽的基础上，用睿智的头脑和艰辛的汗水换来的。

祖冲之出身于南北朝时期的一个士大夫家庭，他的祖父和父亲都很喜欢数学，对天文历法也很有研究。祖父经常给祖冲之讲一些科学家的故事，其中张衡发明地动仪的故事深深打动了祖冲之幼小的心灵。

祖冲之常随祖父去建筑工地，晚上，在那里他常同农村小孩们一起乘凉、玩耍。天上星星闪烁，在祖冲之看来，这些星星很杂乱地散布着，而农村孩子们却能叫出星星的名称，如牛郎、织女以及北斗星等。相比之下，祖冲之觉得自己实在知道得很少。

祖冲之不喜欢读古书。5 岁时，父亲教他学《论语》，两个月他也只能背诵十几句，气得父亲又打又骂。可是他喜欢数学和天文。

一天晚上，祖冲之躺在床上想白天老师说的“圆周是直径的 3 倍”这句话，越想越觉得似乎不对。

第二天一早，他就拿了一段妈妈绱鞋子的绳子，跑到村头的路旁，等待过往的车辆。一会儿，来了一辆马车，祖冲之叫住马车，对驾车的老人说：“让我用绳子量量您的车轮，行吗？”老人点点头。

祖冲之用绳子把车轮量了一下，又把绳子折成同样大小的 3 段，再去量车轮的直径。仔细地量来量去，他总觉得车轮的直径没有 1/3 的圆周长。

祖冲之站在路旁，一连量了好几辆马车车轮的直径和周长，得出的结论是一样的。

这究竟是为什么？这个问题一直在他的脑海里萦绕，他决心要解开这个谜。

经过多年的努力学习，祖冲之研究了刘徽的“割圆术”。所谓“割圆术”就是在圆内画个正六边形，其边长正好等于半径，再分 12 边形，用勾股定理求出每边的长，然后再分 24、48 边形，一直分下去，所得多边形各边长之和就是圆的周长。

祖冲之非常佩服刘徽这个科学方法，但刘徽的圆周率只得到96边形，得出3.14的结果后就没有再算下去，祖冲之决心按刘徽开创的路子继续走下去，一步一步地计算出192边形、384边形……以求得更精确的结果。

当时，数字运算还没利用纸、笔和数码进行演算，而是通过纵横相间地罗列小竹棍，然后按类似珠算的方法进行计算。

祖冲之在房间地板上画了个直径为1丈的大圆，又在里边做了个正六边形，然后摆开他自己做的许多小木棍开始计算起来。此时，祖冲之的儿子祖暅已13岁了，他也帮着父亲一起工作，两人废寝忘食地计算了十几天才算到96边，结果比刘徽的少0.000002丈。

祖暅对父亲说："我们计算得很仔细，一定没错，可能是刘

亲量圭尺，躬察仪漏，目尽毫厘，心穷筹策。 ——祖冲之

徽错了。”祖冲之却摇摇头说：“要推翻他一定要有科学根据。”于是，父子俩又花了十几天的时间重新计算了一遍，证明刘徽是对的。

祖冲之为避免再出误差，以后每一步都至少重复计算两遍，直到结果完全相同才罢休。

祖冲之从 12288 边形，算到 24567 边形，两者相差仅 0. 0000001。祖冲之知道从理论上讲，还可以继续算下去，但实际上无法计算了，只好就此停止，从而得出圆周率必然大于 3. 1415926，而小于 3. 1415927。

很多朋友知道了祖冲之计算的成绩，纷纷登门向他求教。此后，祖冲之又进一步得出圆周率的密率是 355/113，约率是 22/7。直到 1000 多年后，德国数学家鄂图才得出相同的结果。

这如老蚌生珠般艰辛得来的圆周率，装饰了祖冲之的梦境，也圆满了他的人生。

玄奘：九死无悔

佛教是从印度传入的，佛经是从梵文翻译过来的。以《金刚般若波罗蜜经》为例，正文只有5119个字，但内涵精微幽深，有多少人能够讲得清楚呢？何况梵文翻译的难度极大，又有多少人能译得准确呢？

佛教在中国的发展史，也就是中国对佛经的翻译、理解的历史。因为难懂难译，就产生了歧义；有了歧义，就产生了争论；有了争论，也就产生了派别。

派别林立、争论不休怎么办？一些有大志的僧侣就萌发了一个很强烈的愿望：去印度看看真正的佛教和佛经的情况，看看佛经还有多少，看看经书又是怎么讲的。隋末唐初的玄奘大师就是这么一个人物。

玄奘俗姓陈，名祎。他出身于一个士大夫家庭，自幼就显得与众不同，聪明好学而有悟性。有一天，小玄奘忽然问父亲："爹，何谓正？"

"正，就是不歪，不倾斜啊！"父亲以为玄奘只是随便问问，便以轻松的口吻回答他。

"我不是问这个，我是说：要怎样心才称得上正？"

"心要走正道，就正。"父亲故意说得很深，原以为儿子不会听懂，谁料玄奘竟又接着问："正道是什么，要怎么走呢？"

"正道就是古圣人们所走过的路，他们都会走，当然你也会走了。”

“好，我也要走圣人们走过的路。”玄奘自己对自己说。

当玄奘再大一点的时候，家道中落，他的二哥出家当了和尚。受二哥影响，玄奘对佛学产生了浓厚的兴趣。

隋文帝的时候，出家人可以不当兵，也不必缴税。于是有许多人为了逃避兵役赋税，都出家去了。最高纪录，曾经有一年之中，50 万人出家为僧。由于有太多人假冒出家，到了隋炀帝时，朝廷又禁止百姓出家当和尚。从此以后，想出家，必须由皇帝下诏，地方奉敕，并且经过考试，有一定的名额限制。

玄奘 13 岁时，正值隋炀帝下诏，要在洛阳招考，剃度 27 人出家为僧。玄奘因年幼不能应试，被摒于公门之外。

这时负责度僧的大理卿郑善果见他徘徊不去，便好奇地问他：“为何在此徘徊？是想要出家吗？”

玄奘立即回答说：“是的，可是我二哥说我年纪太小……”

“你为什么想要出家？”大理卿追问。

“为了继承如来的志业，将遗教发扬光大。”

大理卿听了这几句话，深受感动，为了嘉奖玄奘的大志，破例特准录取了他。事后他对属下说：“研读佛经不是难事，具有高远风骨的人才是难得。将来他必成为佛门龙象。”

玄奘后来的发展验证了郑善果的先见之明。他出家以后潜心修行，20 多岁就成为很有威望的名僧。但玄奘并不满足，他在研究佛学理论时，发现各派学说往往相互矛盾，让人无所适从。于是，他发誓像曾经西游天竺的法显、智俨等人那样，到佛教发源地印度去取得普度众生的真经。

那时候正是唐朝初年，局势尚不平静，国家严禁僧俗百姓越关出境，所以玄奘召集了同伴，向朝廷申请出境，没有获得批准。其他的人就此算了，只有玄奘坚决不改初衷。恰好这年遇到灾荒，官府允许僧俗出外找饭吃。玄奘抓住这个难得的机会离开了长安，开始了艰苦卓绝的西行。他只身一人越玉门关，过关外五峰，经新疆、俄罗斯中部地区、阿富汗，进入印度。一路上遇到的尽是流沙、雪山、峭崖、横川，鸟兽无踪，人烟绝迹。他历经艰险，几度濒于绝境，真可谓九死一生。就这样整整走了3年，行程5万里，终于到达了印度的佛学中心那烂陀寺。

玄奘拜在那烂陀寺百岁高僧戒贤法师门下，刻苦参研佛法，数年间精通了经藏、律藏、论藏，因此被尊称为“三藏法师”。但也因此招来了印度一些僧人的嫉妒。一天，一名顺世外道自以为学问高深，无人可及，于是在那烂陀寺门前贴出50条疑难经义，自称如果任何人能够破解得其中一条，就立即将自己的头颅砍下。寺中众僧闭门不出，任凭他大叫大骂。到了第四天早上，玄奘走到寺院门前，扯下经义，不屑一看，就开始讲解。外道面如死灰，为了履行誓言，只得拔剑准备自刎。玄奘大度，制止住他，让他做了自己的仆人。不久，玄奘由于要准备与小乘宗师般若鞠多的辩论，研究小乘经典，百思不得其解，听说那外道会讲解，于是便请他为自己讲解。外道惊异地说：“我是仆人，怎敢给主人讲经?”玄奘回答：“那部典籍我没有学过，既然你精通，我就应该向你求教。”待到那外道讲解完毕后，玄奘感激他，将他放走。经此一事，全寺众僧无不敬佩玄奘的渊博和大度。

有一位印度国王对玄奘十分景仰，决定以玄奘为论主，在曲女城召开佛学辩论大会，有印度各地的18个国王、3000个大小乘佛教学者和外道2000人参加。当时玄奘一连讲了18天，他还把自己的讲稿写成简略的文字，张贴在会场门外，欢迎听众辩驳指正，并仿效印度辩论的惯例宣布：“如有一字不合理，被人推翻，愿斩头相谢。”可是18天过去了，全印度学者中，竟无一人能够给予诘难。一时间玄奘的声望达到了顶峰。

在印度待了13个年头之后，玄奘因为思念祖国，婉言谢绝了印度国王和僧俗百姓的盛情挽留，于公元644年启程回国。他从印度带回了600多部佛经以及舍利子、佛像等各种佛教器物，这些东西共用了20匹马驮运。随后，玄奘赶赴洛阳朝见唐太宗。太宗亲自出迎，赐坐畅谈，并劝玄奘还俗做官，玄奘同样谢绝了。此后，玄奘把大部分精力都用于主持规模宏大的佛经翻译工作，共译出菩萨藏经及《瑜伽师地论》等经典75部，计1330卷。玄奘不仅把佛经译成中文，把印度的天文、历法、天算传入中国，还把中国老子的《道德经》及失传的《大乘起信论》译成了梵文。由他奉命口述、辩机笔录的《大唐西域记》已成为研究古代西域及印度各国政治、社会、风土、人情的最为珍贵的资料。

晚年的玄奘还创立了佛教唯识宗，这是中国佛教中唯一完全遵循印度佛教教义的宗派。唯识宗的思想体系自然博大精深，简单说来，关于学佛的意义，唯识宗大致作了这样的阐述：学佛是为了“了断烦恼”，也是为了“行善断恶”。什么是烦恼？世间共有六个根本烦恼：贪、嗔、痴、慢、疑、恶见。如何才能行善？行善的方法共有11种：信、惭、愧、无贪、无嗔、无痴、精进、轻安、不放逸、行舍、不害。

公元664年2月，玄奘圆寂于长安的西明寺，享年69岁。玄奘一生恭谨好学，专心学术，不骄不谄，深受僧俗百姓的敬爱。当他圆寂的消息传出后，唐高宗喟叹“失去一件国宝”。出殡时，四方送葬者多达百万余人，可谓盛况空前。玄奘不仅是中国历史上最伟大的思想家之一，还曾被西方学者推选为“人类史上最伟大的探险家”，而能将这两个头衔戴在一个人头上者，也只有玄奘而已。

慧能：菩提花开

人们都说，禅宗是最有中国特色的佛学思想。追根溯源，禅宗的发扬光大，源于1400年前一个岭南小伙子的一次“冲动”。

这个小伙子叫慧能，本姓卢，广东新州人氏，父亲早逝，家境贫寒。22岁之前，慧能一直以砍柴为生。一直到某一天，他在集市上听到有人诵读《金刚经》，心性大开，动了到湖北黄梅东禅寺拜弘忍大师为师的念头。心动不如行动，慧能回家安顿好了老母，即刻启程上路。走了一个多月终于来到了东禅寺，他气喘吁吁地向弘忍大师讲明自己的来意：“不求别的，只求作佛！”

弘忍大师知道他来自荒蛮的岭南之地，故意“刁难”他：“你是岭南人，那里都是没有开化的南蛮。蛮子也能成佛吗？”慧能却不甘示弱：“人虽有南北东西之分，但佛的本性却不会因人而异啊！”听了这句话，弘忍大师觉得慧能有慧根，决定收留他。不过，弘忍大师并没有让慧能成为自己的入室弟子，而是命他去干劈柴、挑水、舂米等杂活。

也许从一开始，弘忍大师就认定慧能有很高的禀赋，但是因为他并非嫡系，所以恐他遭人排挤，因此故意的“冷落”是对慧能的保护。有一天，弘忍大师意识到该是为自己选立继承人的时候了。他召集众徒，命他们将体悟到的般若智慧用一首偈子表达出来。

在当时弘忍大师的众多弟子中，公认为资历最高、学问最精的是神秀。神秀也确实不负众望，三更半夜时分，神秀秉烛在寺庙的南廊墙壁上写下他的作品："身是菩提树，心如明镜台。时时勤拂拭，莫使有尘埃。"

第二天，弘忍大师早早地起床了。一推开门就瞥见了贴在墙上的偈子，他走上前去，仔细端详片刻，然后微微摇摇头。

慧能一直在后房做杂役，过了好几天，他偶然听到有小师兄边走边吟诵神秀的偈子，才得知弘忍命人做偈传位的事情。他心里也默默地想好一条偈子，因为不认得字，所以请小师兄代为写在神秀的偈子旁边："菩提本无树，明镜亦非台。本来无一物，何处惹尘埃?"

慧能的偈子被弘忍大师看到，他心中暗暗吃惊，但表面仍然佯装平静。对于自己身后传法之事，他终于有了决定。原来，弘忍大师是佛教禅学的第五代传人，也就是"五祖"。他治禅学的主旨是"本性即佛"，按照"万物皆空"的佛教法则，佛性本来就不是什么"东西"，因此也谈不上染上尘埃。慧能的偈子正好符合这一主旨。

隔天夜里，弘忍大师避开众弟子耳目，将慧能叫到自己的禅房，将达摩始祖的袈裟和圣钵郑重地交给慧能。弘忍大师料到，他将衣钵传与这个甚至还没有办过正式出家手续的慧能，一定会引来一番血雨腥风的争夺，于是他命慧能赶紧离开黄梅，以防不测。

接受五祖衣钵之后，慧能一路向南，越大庾岭，度梅关，两个月之后，来到曹溪宝林寺（今韶关南华寺）。没过多久，神秀的手下追了上来，在熊熊大火中，慧能因为躲在寺后的一块大石头缝隙中才幸免于难。为了不连累寺内僧人，慧能只能离开曹溪，继续南奔。

此后慧能逃到四会这个地方，终于混进了猎人的队伍里。这一躲就是十多年。慧能虽然还没有剃度出家，但毕竟已经是禅宗六祖、佛门之人，要怎样才能和杀生吃肉的猎户共同生活呢？他因材施教，巧妙地向猎人讲授一些佛法哲理，启发他们的智慧。

心地含诸种，普雨悉皆萌。顿悟花情已，菩提果自成。

——慧　能

而猎人们则给慧能分配任务去看守猎网陷阱，每次有动物落网，慧能就偷偷地将它们放生。那吃饭的时候该怎么办呢？受条件限制，慧能每次都把蔬菜放进猎人的肉锅里煮了吃，别人问他为什么这样做，他笑着回答："但吃肉边菜。"

就这样，慧能在一种几乎与世隔绝、几乎是天天与大自然和鸟兽的默默对话中，完成了他对天地的参悟，达到了至高的思想境界。一直到唐高宗上元三年（676 年），在荒山野岭里沉潜了 15 年之久的慧能，才终于露面。这一天，他来到广州法性寺（今光孝寺），听一位名叫印宗的法师讲经。

印宗法师面对台下上千名僧俗听众，指着旗杆上飘动的幡说："你们有谁能说清楚，这究竟是幡动呢，还是风在动？"一位僧人说："幡是无情物，它只是在随风飘动。"另一位僧人说："幡无情，风无情，为什么都能动呢？"其他人有的说幡动，有的说风动，争论不休。这时慧能走上台，说道："不是风动，不是幡动，是你们的心在动。"

此言一出，把印宗给惊住了。印宗早就听说弘忍有个传人南下，如今见慧能谈吐不凡，估计他就是那个传人，一问之下，慧能便也如实说了。印宗当即拜慧能为师。从此，慧能以禅学大师的身份横空出世正式剃度出家，成为名副其实的中国禅宗第六代师祖。而此时的神秀，虽未得到始祖袈裟，但也在北方获得了尊贵的地位，他先后被武则天、唐中宗、唐睿宗奉为国师，成为京城中很有权势的人物。

慧能与神秀之争，实际上是禅宗中的"南派"与"北派"之争。原来，佛教十分注重人的"悟性"，认为这是修行成佛的关键。禅宗内有一派人认为，人心中本来就有佛性，因此不必诵经坐禅和累世修行，也不需要行善积德，只要顿然觉悟，就可以立地成佛。这一派简称"顿派"。与此相反，另一派认为，众人都有佛性，但由于人生的烦扰太多，佛性被泯灭了或被遮盖了，只有通过不断地修行，渐渐地恢复佛性，才能成佛。这一派简称"渐派"。顿派以居住在南方的慧能为首，渐派以北方的神秀为首，故又称为“南派”和“北派”。

几经曲折，到了唐德宗的时候，主张“顿悟”的南派全面压倒了主张“渐悟”的北派，成为中国佛教思想的主流。慧能也由此获得了崇高的地位。

毛泽东曾把慧能的南派禅宗称为“劳动人民的佛经”，可谓抓住了“顿悟成佛”思想的草根本质。慧能把佛性看做人性，主张到人心中去寻找佛，大大简化了“成佛”的程序——不念经、不坐禅、不布施、不出家，从而使社会各阶层人士，尤其是平民都有了“成佛”的机会。他把菩提的种子撒向最广阔的土壤，孕育出历经千年而不息的般若智慧。

李白：天生我才

在“李杜”当中，李白更有思想家的气质，因为他比杜甫更有宇宙意识。在中国古代诗人中，有宇宙意识的并不多，屈原、《古诗十九首》的无名作者、陶渊明、陈子昂、张孝祥能算是；而把宇宙意识表达得最好的还是李白，他在时间面前常常有超越性的作为，如“夫天地者，万物之逆旅；光阴者，百代之过客”，如“黄河之水天上来，奔流到海不复回”，如“今人不见古时月，今月曾经照古人”……

纵然时光无情，但李白并不过分悲戚，甚至一点也不慌乱，因为在无穷无尽的流逝之中，李白找到了自己的坐标，或者说，他找到了撬动地球的支点，那就是自己的才华，“天生我材必有用”甚至成为他一辈子的信仰。

李白很早就具有志趣远大、秉性高洁、胸襟开阔、潇洒脱俗的精神境界。当时的读书人，为谋取功名，都去参加进仕考试。李白看不起这种按部就班地往上爬的做法，认为这都是“凡儒俗人”干的事，他从没去应试过一次。曾经有人推荐他做个小官，心高气傲的李白根本看不上眼，一口拒绝了。他常常自比东晋时期治国有方、并领导了淝水之战的著名政治家谢安，认为自己必定能像谢安那样，干出一番大事业来。

怀着这样的远大抱负，他 25 岁时，开始周游天下。他先出走三峡、漫步襄汉（今湖北省），再南游洞庭（今湖南省），东步

天生我材必有用，千金散尽还复来。 ——李 白

金陵（今江苏省），又往太原（今山西省），最后到了齐鲁（今山东省），住在任城（今山东济宁）。李白的这次漫游，长达17年之久，足迹踏遍长江、黄河中下游许多名城古都、风景胜地，结交了大批文人学士、社会名流。

李白42岁那年，由于贺知章欣赏他的诗文，在唐玄宗面前鼎力推荐，玄宗在金銮殿召见了他。李白谈吐不凡，妙语迭出，甚为玄宗赏识，当场摆出酒席，请他吃饭。席间，玄宗看一碗汤太烫了，就拿起汤匙，亲自为他调冷一些，这就是有名的“御手调羹”的佳话。不久之后，玄宗让李白当了翰林供奉，专在宫廷写诗作文。

李白受诏进宫，原本是想施展宏图、建功立业，但他很快就发现，后期的唐玄宗已不是个励精图治的皇帝，玄宗赏识他，只不过想让他做个唱唱赞歌、助助雅兴的御用文人而已。李白深感失望，于是他常和一帮文人学士聚在一起，纵酒游乐，甚至还在进宫之时借酒装疯，当着唐玄宗的面，故意戏弄权贵奸臣，演出了贵妃捧砚（作诗时让杨贵妃捧砚台）、力士脱靴（让大太监高力士为他脱靴子）等一幕幕好戏。这种事也实在只有李白才敢做，也只有他才能做得出来。杜甫曾写过一首诗，传神地描绘了他在京城的生活：“李白斗酒诗百篇，长安市上酒家眠，天子呼来不上船，自称臣是酒中仙。”

如此傲岸不羁、蔑视权贵，李白自然要受到权贵们的谗言攻击，玄宗对他的态度也逐渐冷淡下来。李白干脆主动上书玄宗，要求还乡。就这样，他落脚京城不满两年，又开始云游四方，过起漂泊生活来了。这次漫游的时间也达 10 年多，同样还是走一路，喝一路酒，交一路朋友，写一路诗，让酒香、友谊、诗情浸染了半个中国。

天宝十四年（755 年），“安史之乱”爆发。李白怀着一腔热血，参加了永王李璘反抗叛军的队伍。不料，唐肃宗李亨怕李璘实力扩大，就找茬子给他扣了一个“反叛”的罪名。李白也因此获罪，饱尝铁窗之苦。幸亏名将郭子仪搭救，他才免于一死，被押流放夜郎，半途遇到大赦，才重获自由。接到赦书时，年已六旬的李白高兴万分，立即乘船沿江而下，开始了他人生的最后一次漫游。宝应元年（762 年），他在贫病交加中死于安徽当涂县。

“名扬宇宙而枯槁当年”，这是李白在一篇文章中评说自己的话。他一辈子郁郁不得志，死后却受到万众的广泛赞颂。可以说，他以生命枯槁为代价，换来了一个在茫茫宇宙中的绚烂的定位。

后来的诗人杨万里说：“不留三句两句诗，哪得千人万人爱”，我们爱李白的诗句，爱他的人格，也爱他的思想。

韩愈：师生之间

“我爱我师，但我更爱真理”，这是古希腊哲学家亚里士多德的名言。亚里士多德是柏拉图的学生，但他并不盲从自己的老师，只要发现柏拉图的观点不正确，就毫不留情地予以批判。柏拉图经常称亚里士多德为小驹，他用这个名字是什么意思呢？众所周知，小马驹喝足了奶就会踢它的母亲。

在一贯强调“师道尊严”的中国古代，师长总是处于压倒性的强势地位，类似于“小马驹”的行为，恐怕要被当做“大逆不道”。但唐代大文人韩愈却对师生之道有着清晰的认识，力求为失衡的师生关系找到一个人性化的平衡点，他专门写下了《师说》一文，其中“弟子不必不如师，师不必贤于弟子”就跟亚里士多德的观点有相近之处。

在《师说》中，韩愈首先说了求学的人为什么必须有老师的道理。“师者，所以传道授业解惑也”。教师是干什么的呢？他们的工作主要包括三个方面：一是“传道”，就是传授道理；二是“授业”，就是讲授学业；三是“解惑”，就是解答疑难问题。这是中国教育史上第一次对教师任务所作出的完整论述，精炼而精辟。

韩愈接着说了从师不能有绝对标准和固定标准的道理。在一般人的心目中，老师应当比学生地位高、年龄大。但韩愈不这么看。他认为选择老师不应当有固定不变的标准。固然，比自己年

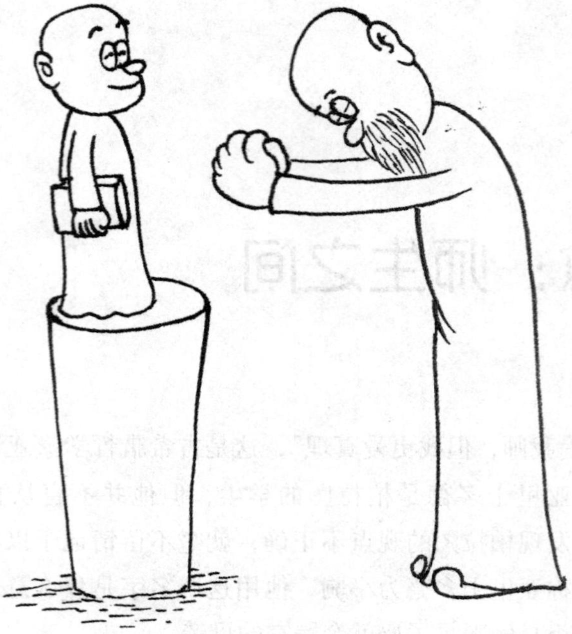

弟子不必不如师，师不必贤于弟子，闻道有先后，术业有专攻，如此而已。——韩　愈

长、懂得道理比自己早的人，可以做自己的老师；就是比自己出生晚，但是懂得道理比自己早的，也同样可以做自己的老师。因此，韩愈指出，“无贵无贱，无长无少，道之所存，师之所存”，不管贫富贵贱，也不管地位高低、年龄大小，道理、学问存在的地方，就是老师存在的地方。谁懂得道理，谁就是老师。学问在谁的手里，谁就是老师。

韩愈进一步说了“圣人无常师”的道理。不仅一般人不应当有固定的老师，就是古代圣人也没有固定的老师。孔子曾经以郯子、苌弘、师襄、老聃为自己的老师。事实上，上述这些人的才能和道德，都赶不上孔子。但孔子信奉“三人行，必有我师”的道理，就是说，几个人在一起走路，其中一定有可以做我的老师的。所以，学生不一定不如老师，老师也不一定一切都比学生强。懂得道理有先后，学术和技能各有所长，如此罢了。这就是韩愈所说的“弟子不必不如师，师不必贤于弟子，闻道有先后，术业有专攻，如此而已”这一段话的含义。

韩愈还说了全社会都必须尊重教师的道理。全社会都应当尊重老师，学生应当虚心向老师求教，这种良好风气必须形成。他指出，全社会特别是统治者如果不尊重老师，学生如果不是以学术水平、而是以地位高低和年龄大小来衡量老师，不能向所有的老师求教，那么教育就会衰败，国家也不会昌盛。

韩愈本人非常尊重有学识的老师。相传他在担任国子监祭酒时，国子监里有一位老师，《礼记》讲得很好，但出身微贱，且容貌丑陋，一些豪门出身的同行看不起这位老师，不屑与他为伍。韩愈却特意命令下属将这位老师请来，与他一起吃饭、论学。此后，那些同行们才对这位老师刮目相看。

刘禹锡：豪气干云

相比之下，唐代诗人是最健康的诗歌群体，那么刘禹锡大约又是健康中之最健康者。

自古逢秋悲寂寥，我言秋日胜春朝。
晴空一鹤排云上，便引诗情到碧霄。

秋天一向被看做是凋零的季节，被看做是肃杀的前奏，而刘禹锡却看到了更加辽阔悠远的生命空间，不由得为之引吭高歌。

马思边草拳毛动，雕盼青云睡眼开。
天地肃清堪四望，为君扶病上高台。

如此活泼的生命感，不禁让人怦然心动。虽然诗人正在病中，但他想成为一匹马，尽情奔驰；想成为一只鹰，奋力翱翔。这是一种渗透到每个细胞里的生命跃动。

沉舟侧畔千帆过，病树前头万木春。
今日听君歌一曲，暂凭杯酒长精神。

自己的生命固然委顿，但看到身边的勃勃生机，仍然为之欣慰、为之守望、为之呼唤，并勉力振作精神，这又是一种何等的境界！

人世几回伤往事，山形依旧枕寒流。
从今四海为家日，故垒萧萧芦荻秋。

在亘古不变的大自然面前，人生之伤心事又算得了什么？还是应当重新收拾起心情，四海为家，加入到一股更为宏大的演化洪流之中。

刘禹锡的作品，流露出一种明朗、强健、豁达的生命哲学。可以说，他的思想电量比其他大多数诗人都要充足。当然，真正使他成为一名思想家的，还是在于他独创了“天与人交相胜，还相用”的学说。

和荀子一样，刘禹锡认为“天”即自然。在《天论》中，他开门见山地指出：“大凡入形器者，皆有能有不能。天，有形之大者也；人，动物之尤者也。天之能，人固不能也；人之能，天亦有所不能也。故余曰：天与人交相胜耳。”意思是说，但凡有形的东西都不是全能的。天，是有形之物中最大的；人，是动物里边最杰出的。有些事天能干可人干不了，也有些事人能干可天干不了。所以说，天和人各有所长，天有胜过人的地方，人也有胜过天的地方，这就叫“交相胜”。

那么，什么叫“还相用”呢？这主要表现为“天”和“人”不是平行的，而是人可以胜天，即人有“治万物”，对万物加以利用、改造的能力。人能够根据自然规律办事，春耕夏耘，秋收冬藏，斩木穿山，冶炼金属，“用天之利，立人之纪”，在生产活动中，对自然利用改造，以满足生活的需要。因此，天并不神秘。

刘禹锡接着把目光从自然转向了社会。他说，人作为“动物之尤”，“为智最大”，能够在社会生活中创立一种自然界所没有的东西，叫做“法”。法制是人能够胜于天的，“人能胜乎天者，法也”。但在具体实施法制的过程中，往往有三种情况：一是“法大行”时，是非清楚，赏罚分明，善恶都得到了应有的报应。在这种情况下，人们就会认为福禄是做好事得来的，灾祸是因为干坏事招致的，和天有什么关系呢？二是“法小驰”时，法制有所松弛，是非开始混杂，赏罚也显得不那么公平了。在这种情况下，出于对人间不平的不理解，人们就对天产生怀疑，也就形成

天，有形之大者也；人，动物之尤者也。天之能，人固不能也；人之能，天亦有所不能也。故余曰：天与人交相胜耳。 ——刘禹锡

了各种各样的天命之说。三是“法大弛”时，法制完全松懈，社会失去控制，是非易位，赏罚颠倒，人类自己创制的“软的一手”如道德仁义之类的不足以与强权抗衡，“硬的一手”如刑罚之类的也不足以压制作奸犯科，能够“胜”于天的东西完全没有了。在这种情况下，人们就会丧失自信力，只好把自己的命运寄托在所谓的“天”上，最终走向天命观。

刘禹锡向来被人们称为“诗豪”，而他又以同样豪气干云的“天与人交相胜，还相用”，达到了中国古代天人关系理论的最高水平。

周敦颐：奇哉太极

“太极”这两个汉字，看上去就有一种形体美，读起来又有一种音韵美，更不用说其背后蕴藏的一个奇美的世界了。

作为中国传统文化的一个重要符号，太极在许多事物上都投下了光影。中国武术中有太极拳、太极剑、太极棍，名胜古迹中有太极庙、太极殿、太极洞。至于由太极而来的名词术语，更是不胜枚举，什么太和啊、太中啊、太清啊、太虚啊等等。那么，古老而玄妙的太极究竟是什么东西呢？

太极最初是一个哲学术语，古代的思想家们都把它看做是世界的本原，认为世上的万事万物都是由太极演化出来的。千百年来，许多学者致力于太极的研究，产生了五花八门的见解，其中最权威、最有影响的，要数北宋哲学家周敦颐的太极学说。

周敦颐的学识十分渊博，他在广泛汲取各家学说优点的基础上形成了自己的见解。他温文尔雅，举止庄重，具有儒学大师的气质；同时他又广交佛道名师，身上兼有浓厚的佛风道气。这种思想和个性上的复合性，也催生了独特的想象力和创造力，为他创立《太极图说》打下了良好的基础。

古时候，一些信奉道教的人擅长绘制各种神秘的图式，用来表示仙道形成的过程，其中有一些构思精妙的图式，被人用来解释世界的起源过程。在道教经典中，有一幅“无极图”，据说是道教关于世界起源的最权威的解说。

五代宋初，著名道士、“睡仙”陈抟曾叫人将这幅“无极图”，镌刻在西北华山险峻的石壁上，供人瞻仰。过了好多年，雷火击毁了这块石壁，“无极图”几乎失传。幸好有人将这幅图抄录了下来，直到北宋中期，它才辗转落到周敦颐手中。

周敦颐如获至宝，多年来他一直致力于世界起源问题的研究，“无极图”可谓他梦寐以求的珍贵文献。图一到手，他立即展开深入细致的研究，然后在此基础上，创作了一幅“太极图”，并附了200多字的说明。后世学者将这幅图连同说明称作《太极图说》。

别看这篇说明字数少，它却凝聚了周敦颐多年的心血，其中包含着高妙的哲学思想。

周敦颐说，无极是比太极更加原始更加终极的状态，太极是由无极而来的。无，是无边无际、无形无相的意思；极，是指极限；太，象征着至高无上。太极就是至高无上的无极，它主宰着宇宙中的一切事物。太极非常抽象、非常虚幻，单凭人的肉体感官是捉摸不到的，因此人们也无法用某种具体的事物来形容它。

太极创造了世界。它动的时候产生阳气，静的时候产生阴气。阴阳的聚变产生了水、火、木、金、土五行。五行按一定的顺序排列，生出了四时，也就是春夏秋冬四季。万物也就由此而生。

周敦颐把阴阳二气和水火木金土五行中最精微的部分叫做“精气”，说它常常处于一种奇妙的凝合聚散状态，这种状态分为乾道和坤道，乾道生出男人，坤道生出女人，这就完成了“人”的创造过程。周敦颐还认为，人是万物中最为灵秀的部分，在人当中，又有圣人和凡人之分。凡人要想成为圣人，一方面要按儒家的道德标准，长期不断地修身养性；另一方面要按道家的处世准则，做到无欲无求，时常处于清静自然的状态，才能达到超凡脱俗的境界，成为人中之杰。

《太极图说》非常有趣，里面既有儒家的思想，又有道家的思想。周敦颐将两家学说的精华巧妙地糅合在一起，并运用了动和静、变化和生成以及阴阳五行的相互作用等辩证法观点，对世界起源的过程进行了独到的解析，形成了自己关于宇宙、社会和人生的系统认识。这是很了不起的，简直可以看做是一部袖珍而深邃的《创世纪》。

众所周知，周敦颐还有一篇同样几百字的妙文《爱莲者说》传世。这个人，歌咏了一朵花，赞美了“出淤泥而不染，濯清涟而不妖”的君子人格；绘制了一张图，描绘了宇宙和人的壮丽起源与纷繁演变。两大重要的文化符号就此成型，他也因此获得了不朽。

沈括：格物之趣

公元11世纪，北宋与辽国之间战争不断，签订《澶渊之盟》后双方罢兵休战。辽国垂涎中原地区的繁华，仗着骁勇的骑兵，不断提出领土要求。宋熙宁八年（1075年），辽国派大臣萧禧来到东京，要求重新划定边界，他提出的边界是山西北部的黄嵬山，黄嵬山以北为辽国所有，以南为大宋朝所有，大宋朝如同意他的要求，等于将辽国的领土向南推进了30多里。

黄嵬山是一座名不见经传的山脉，北宋大臣几乎是一无所知，朝廷上上下下乱作一团。这时，朝廷想起了熟识地理的沈括，命他出任谈判特使，要他既不能轻开战衅，也不能向敌示弱而接受无理要求。沈括不卑不亢，胸有成竹，他所恃的武器就是他的地理学说与《大宋天下郡守图》。他向萧禧指出，两国按《澶渊之盟》划分边界，边界是白沟河，白沟河以北为辽国领土，以南为大宋领土，而黄嵬山在白沟河以南，是大宋的领土，而不是辽国的领土。萧禧没有一张自己的地图，更不知道黄嵬山的确切方位，在地图面前，他感到理亏三分，气焰不知不觉地矮了一截。争论了几天后，双方无功而返，但没有将争论推向极端。

不久，沈括又受命出使辽国，在辽国首都上京再谈两国边界，这时辽国的谈判代表升了级，改成了辽国宰相杨益戒。在谈判时，沈括再次提出以《澶渊之盟》为基础，以《天下郡守图》为依据，有理有节，寸步不让，而辽国宰相找不到重划边界的理由。这时，沈括又出示宋朝的木制地形模型，这使得辽国宰相大为惊奇，深感宋朝有奇才能人。沈括终于使得辽国放弃了对宋朝的领土要求，他不愧是一位出色的外交家与地图学家，运用智慧捍卫了宋朝的尊严。

那么，沈括的《天下郡守图》是怎么绘制的呢？这也是他的一大创造，充满了超越性的“飞鸟思维”。在此之前，由于测绘技术的局限，绘制地图用的是“循路步之”法，也就是沿路步行丈量，用步行得出的数据绘制地图，由于道路弯弯曲曲，山川高低错落，用“循路步之”法绘制的地图与实况有很大的误差，图上差之一厘，实地就差之千米。沈括采用的则是“飞鸟图”，也就是“取鸟飞之数”，用的是飞鸟直达的距离，有点像现在的航空拍摄，使得地图的精确度大为提高。令人没想到的是，他花费整整12年时间完成的《天下郡守地图》在与辽国的边界谈判中发挥了重要作用，起到了十万士兵都难以达到的威力。

沈括的超前思维还有许多，比如说石油这一“现代工业的血液”，最早就是由他命名的。有一次，沈括在书中读到“高奴县有洧水，可燃”这句话。后来，他特地对书中所讲的内容实地考察。考察中，沈括发现了一种褐色液体，当地人叫它“石漆”、“石脂”，用它烧火做饭、点灯和取暖。沈括给这种液体取了一个新名字，叫石油。这个名字一直沿用到今天。沈括当时就使用石油烟尘代替松烟制墨，并且想用石油代替松木来做燃料。他说不到必要的时候绝不能随意砍伐树木，尤其是古林，更不能破坏！在今天看来其观点是绝对正确的，可当时并未得到重视。

沈括的思维之所以能够频频起飞，与他彻底的科学精神是分不开的。沈括认为“天地之变，寒暑风雨，水旱螟蝗，率皆有法”，自然界事物的变化都是有规律的，掌握自然规律正是“格物致知”的一个重要方面。他还认为事物的变化规律有正常变化和异常变化，不能拘泥于固定不变的规则。正是这些比较正确的思想观点，使他取得了领先于那个时代的科学成就。沈括曾提出已知的知识是有限的，人的认识是无限的观点，对科学的发展也

天下书不可坚信。 ——沈 括

产生了很大的影响。其次，沈括在“格物致知”的过程中有着不同寻常的毅力，从来不怕曲折和艰辛。为了测量北极星与北天极的真实距离，他设计了窥管，每夜3次，连续3个月，反反复复画了200张图，最后得出当时北极星“离天极三度有余”的结论。还有，他不迷信传统理论和观念，他年轻时说过：“天下书不可坚信。”针对卢肇认为海潮是“日出没所激而成”的观点，沈括经过长期观察，推翻了这一结论，获得了月亮对潮汐形成起决定作用的正确认识。

在以立德、立言、立功为“三不朽”的传统中国，产生伟大的科学家很难。不过宋代却出现了沈括这样一位百科全书式的巨人，集地理学家、物理学家、数学家、化学家、医学家、天文学家、水利专家、兵器专家、军事家于一身，其知识结构和创新思维的全面程度，比达·芬奇有过之而无不及。英国剑桥大学教授李约瑟称他为“中国整部科学史中最卓越的人物”。但是，沈括死后既没人给他建碑，也没人为他写墓志铭，就连他的生平传记也仅仅附在《宋史·沈遘传》之中。

但沈括并不寂寞。他曾在《梦溪笔谈》中精心设计了一个声学共振实验。他剪了一个纸人，把它固定在一根弦上，弹动和该弦频率成简单整数比的弦时，它就振动使纸人跳跃，而弹其他弦时，纸人则不动。沈括把这种现象叫做“应声”。用这种方法显示共振是沈括的首创。在西方，直到15世纪，意大利人才开始做共振实验。至今，在某些国家和地区的中学物理课堂上，教师仍使用这个方法给学生做关于共振现象的演示实验。可见，沈括所发明的许多“格物之趣”，已经成为全世界人们共享的精神财富。

程颐：生命鹅黄

现在我们谈到宋代以后的中国思想史，都会提到程朱理学，并指出其“存天理，灭人欲”的思想对后世产生了消极的影响，甚至成为封建统治者在精神上束缚老百姓的工具。

程朱理学中的“程”，指的是二程，即程颢、程颐兄弟俩，“朱”指的是朱熹。

应该说，二程和朱熹都是知识渊博、治学严谨、为人方正的大儒，他们的理学思想中的确有刻板、迂腐的地方，但也还是有许多闪光之处的。

例如程颐，就对“仁”字有着深刻的理解。有一次，他盯着刚出壳的鸭雏使劲看。别人问他看什么，他说，看到毛茸茸的鸭雏，才体会到圣人所说“仁”的真意。

程颐声名日隆为世人所推崇之后，被朝廷征召进京为哲宗皇帝讲论经史，辅导读书。当时的哲宗皇帝不过 10 岁左右，程颐以一种看似有点迂腐的一丝不苟，对他严格要求。

有一年春天，皇宫内苑百花含苞待放，杨柳已吐出绿芽。此情此景，特别像后来的南宋诗人姜夔所咏叹的“看见鹅黄上柳条”，就是说，柳枝上的嫩芽，像小鸭、小鹅身上的嫩黄色绒毛一样清新可人。一天上午，程颐进宫给皇上讲经结束，还没有离开。结束功课的皇帝起身活动，见到窗外垂柳依依，就临窗伸手拉住一根柳枝，折断玩耍。程颐一见，立即劝阻道：“春天时万物刚刚发育生长，皇上不可无故摧残折断柳枝，那样会伤害天地和气。”皇帝一听，好心情一下子全没有了，他把手中的柳枝扔在地上，不高兴地回内宫去了。

但程颐并未因为皇帝的不高兴而改变自己的教育计划，有一次，他听说哲宗在宫中洗漱时小心地避开蚂蚁，便问：“有这样的事情吗?”哲宗说：“确是这样，因为我怕伤害了这些小生命。”程颐听了满心欢喜，说：“把这种仁慈之心推及四海万物，就是帝王治国临民的要道。”

有人说程颐有些小题大做，但这种护生思想还是值得肯定的。儒家的生命哲学，一向讲的就是“生之为仁”。程颐说：“生之性便是仁。”与他同时代的张载也说：“天地则何意于仁？鼓万物而已。”天地创生化育万物，是为生生之大德；同时，它也是人间道德秩序建立之本。儒家要求人效法以仁生万物的天地，从而提升性灵，达到本性的复归。但这种复归，不能仅止于自我的完善，还必须达到孟子所说的“亲亲而仁民，仁民而爱物”的境界。也就是说，还必须将此仁心推广至天地宇宙，抚惜爱怜山川草木、泉石苔林、飞潜动植，乃至宇宙自然中的一切生物。《中庸》里说的“能尽人之性，则能尽物之性；能尽物之性，则可以赞天地之化育；可以赞天地之化育，则可与天地参矣”，将重视人性修养与观照宇宙生命联系在一起，使儒家的泛爱生生、体认生生，不仅成为一种道德的依归，也成为一种审美的境界。

1000 多年后，护生思想在李叔同和丰子恺那里得到了发扬光大。李叔同本是很有成就的文艺家和教育家，后来出家成为弘一法师。在上个世纪最初的几年里，李叔同经常去他的高徒丰子恺家里做客。丰家有把藤椅，每次来他都坐在上面。然而，每一次坐上之前他都要轻轻摇动一下那把椅子。丰子恺疑惑不解，开始不敢问，后来看到先生每次来都是如此，就问先生其中的缘由。大师说：“椅子里头，两根藤之间，也许有许多小虫。突然坐下去，要把它们压死，所以要摇一摇，好让小虫们避走。”原来李叔同担心藤椅中藏有小虫子，他要给小虫子一个信息，让它们可以逃离即将有人坐的藤椅。可见，博大的爱不是空泛的，而是体现在每一个细节之上。

后来，丰子恺专门出了一本图文并茂的书叫《护生画集》，集中表达了自己“悲悯万物”的思想。例如他反对钓鱼，认为这种垂钓之乐是建立在鱼的痛苦之上的。为此他写下一首《残酷的风雅》：“垂纶称风雅，鱼向雅人哭，甘饵藏利钩，用心何恶毒？穿颚钻唇皮，用刑何残酷？风雅若如此，我愿为庸俗。”

在中国传统文化中，这类“残酷的风雅”又何止垂钓一件呢？

人无忠信，不可立于世。——程 颐

朱熹：万紫千红

胜日寻芳泗水滨，无边光景一时新。
等闲识得东风面，万紫千红总是春。

这是朱熹的一首诗。他正是一个能把学问做得“万紫千红”的人。

朱熹作为一位大思想家、大教育家，长期从事讲学，毕生致力于教育，对读书尤其重视。他说过：“为学之道，莫先于穷理；穷理之要，必在于读书。”他还专门写过两首叫《观书有感》的诗，其中一首就形象地说明了这个道理：

昨夜江边春水生，艨艟巨舰一毛轻。
向来枉费推移力，此日中流自在行。

大船自在航行，需要一江春水；而人要自由行动，则需要广博的知识。人们应当发奋读书，增长知识，为自己这艘“大船”的自由航行输送一江春水。而千万别做那种在岸上推船的蠢事，那是白费气力、徒劳无益的。

朱熹总结出了六条读书经验，即：“循序渐进”，“熟读精思”，“虚心涵泳”，“切己体察”，“著紧用力”，“居敬持志”。这六条，就是流传下来并对后世产生了重要影响的“朱子读书法”。其中，“虚心涵泳”，是指读书时要虚怀若谷，忠于作者原意，切不可先入为主，更不可穿凿附会，最糟糕的就是自己先有一个观点，再拿书中的“圣贤言语”来凑自己的“意思”。“切己体察”，是指“学者读书，须是将圣贤言语体之于身”，也就是必须心领神会，身体力行，把读书和修身统一起来。“居敬持志”，则是要求读书必须注意力高度集中，全神贯注，做到“心到、眼到、口到”，同时必须坚定志向，具有远大的理想和目标，并以顽强的毅力求其实现，“立志不定，如何读书?”

朱熹将读书弄得如此“缠绵悱恻”，但他绝不是一个埋首书斋死读书之人，他认为，要不断引入“源头活水”，才能将学问做得“活色生香”。他的另一首《观书有感》是这样写的：

半亩方塘一鉴开，天光云影共徘徊。
问渠哪得清如许，为有源头活水来。

如何才能引入“源头活水”，最重要的当然是亲身实践。朱熹将读书视为“第二义”，他认为，书本上的知识毕竟是间接的，要验证书上讲得对不对，还必须实地考察、直接检验。他根据亲身考察，纠正了《禹贡》一书上对汉水的错误记述。又根据实地勘探，验证了古代沧海变桑田的记载。朱熹在高山的石头中发现了螺蚌壳，便认识到，自从生物的甲壳被埋入海底软泥当中的那一天以来，海底已经逐渐升起而变为高山了，这一见解比欧洲人达·芬奇的类似发现整整早了3个世纪!

朱熹也特别重视相互切磋、自由探讨。当时，书院很发达，有点相当于现在的大学。朱熹长期主持白鹿洞书院，他经常邀请其他儒家学派的大师来本院讲学，各抒己见，自由辩论，形成了一种会讲制度。淳熙八年（1181年），朱熹邀请陆九渊到白鹿洞书院讲学，陆九渊讲“君子喻于义，小人喻于利”一章，不少听者流下了泪水。朱熹在一旁坐听，也深受感动，他认为陆九渊讲得很好，触及了当时读书人灵魂深处的毛病。他请陆九渊把讲义写出来，其后又把它刻在石碑上。朱熹和陆九渊在许多学术观点上是水火不容的，但对“竞争对手”能如此虚心、如此尊重，这需要何等的气量！朱熹在给陆九渊的回信中这样写道：“凡是参加辩论的人，应该平心静气，仔细思考，反复思考，实事求是，这样就一定会得出正确的结论来。”从中反映出了朱熹对于辩论的正确态度。当朱熹听到陆九渊逝世的消息后，便在寺中设了灵位，率领学生到寺中哭奠。

朱熹很重视教材的编订。他从浩繁的儒家经典中，精心挑选了《大学》《中庸》《论语》《孟子》四部书，作为基本教材，并且作了简明扼要的注释，这就是广为流传的《四书集注》，元、明、清各代都以此作为官定教科书，影响极大。当然，对于很多功名心切的人来说，《四书集注》只是应试科举的敲门砖，他们一味沉浸其中，而忘了要抬眼看看外面的世界，忘了“万紫千红”，更忘了“沧海桑田”。

陆九渊：我和宇宙

德国大思想家康德的墓碑上，刻着这样一段话，出自他的《纯粹理性批判》：“有两种东西，我对它们的思考越是深沉和持久，它们在我心灵中唤起的惊奇和敬畏就会日新月异，不断增长，这就是我头上的星空和心中的道德定律。”

对星空的惊奇，许多人年少时都曾有过，但长大以后就浑然忘却，竟至懒得抬头看一看星空了。而思想家不同，他们会把这种年少时的惊奇一直保持下去，成为自己一生的灵感源泉。南宋心学大师陆九渊，就是一位对“头上的星空”和“心中的道德定律”始终痴迷的人。

陆九渊自幼好学，他的好学不在于博览，而表现在善于思考上。三四岁时，他曾向父亲发问，“天地何所穷际”，意思是：天地的边际究竟在哪里？父亲笑而不答，他竟为这个问题费尽思索而至废寝忘食。后来他读书孜孜不倦，又常在书中发现问题。例如读《论语·学而》，就对《有子》三章表示怀疑；读二程书，就发现程颐所说的话与孔子、孟子不相类似，甚至有矛盾处。

陆九渊 13 岁时，有一天对自己幼儿时思考的问题忽有所悟。这天，他读古书读到“宇宙”二字，见上面的解释是：“四方上下曰宇，往古来今曰宙”，于是忽然省悟道：原来“无穷”便是如此啊。人与天地万物都在无穷之中。他提笔写下：“宇宙内事乃己分内事，己分内事乃宇宙内事。”

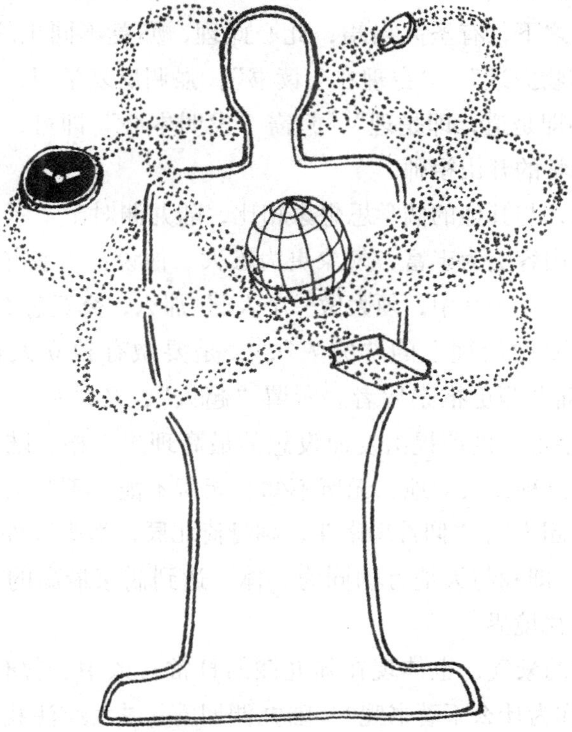

宇宙便是吾心，吾心即是宇宙。 ——陆九渊

正是对宇宙无穷的顿悟，使陆九渊很早就进入了一种博大的人生境界，17 岁时，这位性格旷达的少年写下了一首《大人诗》表达自己的高远志向：

从来胆大胸膈宽，虎豹亿万虬龙千，从头收拾一口吞。有时此辈未妥帖，哮吼大嚼无毫全。朝饮渤澥水，暮宿昆仑巅，连山以为琴，长河为之弦，万古不传音，吾当为君宣。

比陆九渊早 100 多年的北宋理学家张载，提出了一个“圣人可以学而至”的观点。陆九渊同样立志要做儒家的圣人，而他认为，做圣人的道理不用别寻他索，其实就在自己心中，他说：“宇宙便是吾心，吾心即是宇宙。东海有圣人出焉，此心同也，此理同也。西海有圣人出焉，此心同也，此理同也。千百世之上至千百世之下，有圣人出焉，此心此理，亦莫不同也。”理学家主张“即物穷理”，“穷理在于读书”，强调反复学习；陆九渊则主张“心即是道，即是理”，只需“发明本心”即可，他由此成为宋明心学的开山祖师。

而且，与其他的儒学思想家相比，陆九渊对于“圣人”的理解，显得内容更为丰富，气象更为宏大。他说：“宇宙之间如此广阔，吾身立于其中，须大做一个人。”那么，究竟怎么“做人”呢？一是要做伦理上的“完人”，一是要做有独立人格的“超人”，而陆九渊更推崇后者。所谓“超人”，乃是从“心即理”、“吾心即宇宙”的前提出发而设想的最高理想人格。陆九渊形象地描绘了这种顶天立地、无所不知、无所不能、不为人情物欲所牵制的“超人”：“仰首攀南斗，翻身倚北辰，举头天外望，无我这般人。”即我与天地万物同为一体，达到儒家最高的“天人合一”的道德境界。

这样的豪气，也体现在陆九渊的日常言谈中。曾有人问他：“先生，你为什么不著书呢？”陆九渊回答：“六经注我，我安注六经！”

这是一个十分洒脱的回答！意思是说，既然“理”都装在我心中，那么六经已经成为我一举一动的注脚，我难道还要反过来去注释六经吗？

所谓六经，是指《诗经》《尚书》《礼记》《周易》《春秋》这五经，再加上一本《乐经》，合称“诗书礼乐易春秋”。朱熹等理学家大多通过阐释“六经”来构建理论体系，论著每每采取注疏形式，难免显得不够“自我”，而陆九渊一贯抱定“六经皆我注脚”的心态。

王阳明：此心光明

和陆九渊一样，王守仁的童年也不同凡响。

王守仁，号阳明子，世称阳明先生，故又称王阳明。王阳明10岁时开始读四书五经，他领悟很快，能举一反三，其聪明程度让老先生们也倍感惊讶。但王阳明并不是个书呆子，他也喜欢舞枪弄棍，读兵书，还喜欢问一些稀奇古怪的问题，写一些莫名其妙的东西，有诗为证：

山近月远觉月小，便道此山大于月。
若人有眼大如天，当见山高月更阔。

这首诗的名字是《蔽月山房》，写于王阳明12岁时。看似言辞幼稚，很有打油诗的韵味，但其中却奥妙无穷。山和月到底哪个更大，在地面上看当然是山大，但如果有一双“巨眼”，站在更博大的视角去看，那么景象就完全不同了。在20世纪进入航天时代的今人读这首诗，也不能不佩服这位古代少年的独特思维。

神童长大后，顺顺利利地考中进士，又顺顺利利地做了官。但到了他35岁时，却突然遭遇了一场重大挫折。那一年，王阳明因为触犯了太监刘瑾而被廷杖四十，贬到贵州龙场驿做驿丞（驿站站长）。刘瑾还不甘心，又设计在途中暗害他。幸亏王阳明巧施妙计在钱塘江上浮一斗笠，江边放一双鞋子，假装跳江自杀，才保住了性命。

王阳明历尽艰险，来到龙场。但龙场地处深山丛中，不仅毒虫瘴气到处都是，而且环境闭塞、语言不通，连住的地方也没有。在这样艰难困苦的环境中，王阳明日夜端坐，静思默想，极力忘掉个人的生死荣辱。忽然有一天夜里他悟道："圣人之道，吾性自足。"也就是说，做圣人的道理本来就在每个人的人性中自满自足地存在着啊！这一夜，他高兴得大叫"我悟出来了，我悟出来了"，惊醒了同伴；又默记过去自己所读的经书，也竟然全都记得。

这就是王阳明以后常提的"龙场悟道"，从此他开始创立"心学"一派，建立了"致良知"的思想体系。这个学说在本质上和陆九渊的"心学"是一致的，但思想要更加深刻。王阳明认为，万物是先有心，后有理的。比如有了忠君之心，才有忠君之理；有了孝亲之心，才有孝亲之理。"理"本来就在我们每个人内心深处，心中的良知一经唤醒，就是天理；只要人人获得了良知，就可以实现天下大治的伟业。换言之，就是要着眼于社会与民众，提升民德，开发民智，让每个人都成为知行合一的有良知的君子，最终实现"圣人满街"的目标。这样的社会，不正好代表了儒家的理想吗？

在良知面前人人平等，人人皆可为圣贤！王阳明的"致良知"思想，既有一个美好的起点，又有一个美好的愿景，它突破了程朱理学的教条，在当时具有解放思想的重要意义。

据说，王阳明的良知学说传播开来之后，有人不服，就想看王阳明的笑话，正好有一天有人在半夜里捉到一个小偷，这些人便把王阳明找来，问他：你看小偷有良知吗？

王阳明很坦然地让小偷脱去外衣，随后又请他脱掉内衣，小偷都照办了。当接下去让小偷脱掉裤子时，小偷犹豫地说："这恐怕不妥吧。"王阳明便对大家说："羞耻之心，人皆有之，这便是小偷的良知。"

嘉靖七年（1528 年），时任两广巡抚的王阳明因操劳过度，在视察途中病倒。临终时，弟子们问他有什么遗言，他说："此心光明，没有什么可说。"说完，含笑逝去，终年 57 岁。

天地虽大，但有一念向善，心存良知，虽凡夫俗子，皆可为圣贤。

——王阳明

郭守敬：仰望星空

1303年，元成宗下诏，年满70岁的官员均可退休，唯独不许一位73岁的老人退休，因为此人对朝廷实在太过重要。这位举足轻重的老人，就是元代大科学家郭守敬。

郭守敬既是杰出的天文学家和水利工程学家，在地理学、机械工程和数学等领域内也有突出的成就。他发明和创造了许多当时处于世界领先地位的天文仪器，为中国乃至世界天文学的发展作出了卓越贡献。他组织研究制定的《授时历》，以365.2425日为一年，比现行公历早了300年。明朝时来中国的德国传教士汤若望曾尊称郭守敬为“中国的第谷”。

中国自辽、金以来，一直沿用《大明历》，由于年代久远，误差渐大。至元十三年（1276年），元世祖忽必烈决定设立专门机构太史院来改订历法，并派郭守敬等人主持这项工作。

为了准确地观测天象，郭守敬首先动手创制天文仪器。在他看来，“历之本，在于测验；而测验之器，莫先仪表”。这就是说，要制定一部好的历法，首先要做好观测工作，而要做好观测工作，首先要解决天文仪器的问题。可以说，郭守敬是中国历史上第一个具有彻底的实证意识和实验精神的科学家。

在整个修订历法的过程中，郭守敬前前后后共创制了13件精巧的天文仪器，其中最为后人推崇的是简仪、仰仪和圭表。郭守敬在浑天仪的基础上发明了简仪。他大胆革新，只保留了浑天仪三组圆环系统中的两个圆环系统，又把其中的一组分立出来，改成另一个独立仪器，这样就扩大了观测范围，增强了实用性。郭守敬精心改制的这一仪器既精确又简单，故称之为“简仪”。而在欧洲，类似这样的天文仪器，直到18世纪才开始在英国使用。

仰仪是一种铜制中空半球形仪器，因像一口仰放的锅，所以取名“仰仪”。半球口沿上标有东西南北方位和十二时辰。里面以观测地的北极高度为中心，刻着纵横交错的赤道坐标网。口面中心用一横一纵两根竿子架着一块玑板，板心开着一个小孔，小孔的位置正好在半球面的球心上。太阳光通过小孔在半球里面成一倒像，这时人们根据赤道坐标网就可以测定在天空中的位置。此外，通过仰仪还可直接观察到日食、月食等天文现象。遗憾的是郭守敬的这件杰作，到清康熙年间时竟毁于西方传教士手中，未能幸存至今。

圭表是我国最古老也是最常用的测定二十四节气的仪器。郭守敬借鉴旧圭表新设计了一种圭表，叫高表。高表的表柱用铜铸成，并且增高到36尺，这样就使得表影也相应地增长，按比例推算各个节气的误差就可以大大减少。圭面上的刻度也增加了，能够直接量到厘，还可往下估算至毫。为解决表高影长圭面模糊的问题，郭守敬进行了两项改进：一是表柱上端加一横梁，由两条四尺高的龙托住，从梁心到圭面共40尺。横梁的阴影就是表影的尽头。二是设计了一件辅器——景符。就是利用小孔成像的原理，使日光通过一个薄片上的小孔，再射到圭面，从而收到影界清晰的效果。郭守敬的这些发明与改革从根本上克服了自唐宋以来圭表所存在的一些主要缺陷。

创制好各种天文仪器后，郭守敬便向忽必烈呈奏，请求扩大观察范围。忽必烈采纳了他的建议，派遣14名监候官分赴全国各地进行观测研究。郭守敬亲自率领一批人马，从上都出发，中间经过大都、河南等地，最后到达广州，一路上进行了测验日影等多项科研活动。郭守敬充分利用自己研制的仪器，进行了一系列的天文观测工作，取得了令人瞩目的辉煌成就，其中关于黄赤大距的测定和二十八宿距离的测定，具有特别重要的意义。汉代以后，人们一直认为黄道平面和赤道平面的交角（古称“黄赤大距”）为24度，郭守敬通过实测，得出23度90分的结果，折合成现在的360度制，为23度33分5秒3，与当时的实际交角仅误差1分6秒8。他测出的二十八宿距离，精确度比北宋时提高了一倍。他还测出前人未命名的恒星1000多颗，使记录的星数从1464颗增加到2500颗，而欧洲在14世纪文艺复兴前所测到的星数仅1022颗。

经过四年多的辛勤劳作，到至元十七年（1280年）春，一部当时世界上最先进的历法——《授时历》宣告完成了。元世祖忽必烈大喜过望，即令从第二年起，全国一律实行《授时历》。《授时历》以365.2425为一回归年的日数，这和地球绕太阳一周所经历的实际时间只差26秒。这个数值与现在世界各国通用的公历（即格里高利历）是相同的，但罗马教皇格里高利十三世在公元1582年才颁布这个公历，比郭守敬晚了302年。

《授时历》彻底废弃了上元积年的传统，采取实事求是的简易办法，并以1280年冬至作为推算各项天文数据的起点，这在中国历法上是一大进步。同时它在掌握较准确的日月运动轨道的基础上，采用了缜密的计算方法，对日食和月食的预测也十分准确。《授时历》颁行之后，不仅深受国人的欢迎，还漂洋出海先后传至朝鲜和日本，为当地人民所接受和使用。

郭守敬的成就是多方面的，也是划时代的。例如他在主持水利工程时，第一次创造性地运用“海拔”这一重要的地理学和测量学概念，来比较从大都到汴梁地区地势的高低。这是他为中国乃至世界科学作出的又一大贡献。

1316年，为科学事业辛劳了60多年的郭守敬去世了，享年86岁。600多年后的1970年，国际天文学会将月球背面的一座环形山命名为“郭守敬”。1977年，中国科学院紫金山天文台又将一颗新发现的小行星，正式命名为“郭守敬”。这位科学巨匠毕生仰望星空，死后也成为后人仰望的一颗星。

郑和：永在路上

15 世纪，人类的活动舞台开始从大陆转向海洋，世界大航海时代的序幕徐徐拉开。就在世纪之初，中国出了一位伟人——郑和。他不仅是航海家和外交家，更是一位具有海洋战略思想的思想家，给中国古老的黄土文明带来了一抹海洋的蔚蓝。

明朝时候，人们习惯以加里曼丹岛（旧称婆罗洲）为界，将太平洋的西南海域和印度洋分为东洋和西洋。所谓“西洋”，大体指以现在的印度尼西亚、马来西亚、菲律宾等南洋各国为中心，西到印度洋以至非洲东海岸的广大地区。

从明永乐三年到宣德八年（1405—1433 年），在这近 30 年的时间里，郑和率领当时世界上航海技术最先进的庞大船队，7 次下西洋，先后出使、访问了亚洲、非洲的 30 多个国家。最北到达波斯湾、红海和麦加，最西曾到达赤道附近的非洲东岸。郑和可以说是中国横渡印度洋的第一人。他比哥伦布 1492 年发现美洲，比达·伽马 1498 年沿非洲西海岸绕过好望角到达非洲东海岸，都要早半个世纪以上。

从政治角度来说，郑和下西洋是为了实现明成祖“华夷本一家”的封建“大一统”思想，宣示大明王朝的国威。虽然带有一定的“炫耀”成分，但至少是一种开放进取的心态，比闭关锁国要好得多。从海权角度来说，郑和深知海洋对于国家的重要性，既是联系世界之纽带，又是国家利益之所在，故应加强对海洋的

国家欲富强，不能置海洋于不顾。财富取之于海，危险亦来自海上。

——郑　和

控制和利用。海权不可一日失去，一旦丧失海权，不仅会丧失大量的财富，而且国家的安全也将受到严重威胁。

主张海权的明成祖死后，反对的大臣以种种理由向新继位的明仁宗进言：废船队，绝海洋。此时，郑和向明仁宗讲了一番肺腑之言："欲国家富强，不可置海洋于不顾。财富取之于海，危险亦来自于海……一旦他国之君夺得南洋，华夏危矣。我国船队战无不胜，可用之扩大经商，制伏异域，使其不敢觊觎南洋也。"这一席话，包含了海洋开放意识、海洋财富意识、海洋主权意识和海洋忧患意识。

郑和第一次下西洋时只有30多岁，可谓风华正茂，最后一次下西洋时，已经60岁了，是垂垂老者了。但强烈的使命感，让他不顾年老体弱，毅然率领船队再度出征。而这一次，他再没有回来，62岁那年病逝于印度的古里，永远地长眠在他开辟的宽广的道路上。

遗憾的是，随着郑和的逝去，他的海洋战略思想也失落了。明朝政府放弃了海权，使国人告别了大海。几乎同一时期，葡萄牙人占领了马六甲海峡，控制了东西方海上贸易，称雄于世界。

群星璀璨的中华英杰中，郑和一直以先于西方人航海，胜于西方人的航海技术受到全世界的关注，其实他思想上的领先也同样可贵。他的海洋战略思想处在传统社会衰落和近代历史萌起的交叉口，是华夏文明发展到一定阶段的必然产物，也是世界文明发展的先声。试想，如果我们能如郑和所愿，更多地面向大海，更长久地打开国门进行交流，浸染更多的蓝色文明因素，吸收更多的他国文化优点，那么明仁宗之后的中国，或许就是另外一种发展路径了。当然，历史没有假设。但即使在今天，我们还要进一步弘扬海权思想，进一步学习蓝色文明的长处，以此作为华夏文明伟大复兴的重要助推器。

除了思想和技术上的领先之外，在郑和身上，还体现了一种不畏艰险、征服自然的价值取向，一种敬业献身、报效国家的顽强精神。从这个意义上说——

他一直在路上，永远在路上。

我们仍然在路上。

李时珍：草木精神

西医与雪白的大褂、银白的手术刀贴得很近，中医则与翠绿的草叶、墨绿的根茎贴得很近；西药与实验室贴得很近，中药则与大自然贴得很近。

所以说，中医和中药有一种别样的美丽。

李时珍出生在明代一个医学世家，祖父、父亲都是医生。他自小体弱多病，然而性格刚直纯真，对空洞乏味的八股文不感兴趣。自14岁中了秀才后的9年中，曾三次到武昌考举人均名落孙山。于是，他放弃了科举做官的打算，专心学医，并且向父亲表明决心："身如逆流船，心比铁石坚。望父全儿志，至死不怕难。"父亲在事实面前也醒悟了，同意儿子的要求，并精心地教他。不几年，李时珍果然成了一名很有名望的医生。

41岁那年，李时珍从武昌来到北京，进入太医院担任御医。他利用太医院良好的学习环境，不但阅读了大量医书，而且对经史百家、方志类书、稗官野史，也都广泛参考。同时仔细观察了国外进口的以及国内的贵重药材，对它们的形态、特性、产地都一一加以记录。过了一年左右，为了修改本草书，他再也不愿耽搁下去了，借故辞职。在回家的路上，一天，李时珍投宿在一个驿站，遇见几个替官府赶车的马夫，围着一个小锅，煮着连根带叶的野草。李时珍上前询问，马夫告诉说："我们赶车人，成年累月地在外奔跑，损伤筋骨是常有之事，如将这药草煮汤喝了，就能舒筋活血。”这药草原名叫“鼓子花”，又叫“旋花”，李时珍将马夫介绍的经验记录了下来，他写道：旋花有“益气续筋”之用。此事使李时珍意识到修改本草书要深入到实践中去，才能有更多的发现。

当时有人说，北方有一种药物，名叫曼陀罗花，吃了以后会使人手舞足蹈，严重的还会麻醉。李时珍为了寻找曼陀罗花，离开家乡来到北方，终于发现了独茎直上，高有四五尺的曼陀罗。它的叶像茄子叶，花像牵牛花，早开夜合。为了掌握曼陀罗花的性能，他亲自尝试，并记下了“割疮灸火，宜先服此，则不觉苦也”。据现代药理分析，曼陀罗花含有东莨菪碱，对人的中枢神经有兴奋作用，对副交感神经则有麻痹作用。

李时珍在做曼陀罗花毒性试验时，联想到本草书上关于大豆有解百药毒的记载，也进行了多次试验，证实了单独使用大豆是不可能起解毒作用的，如果再加上一味甘草，就有良好的效果，并说：“如此之事，不可不知。”

蕲蛇，即蕲州产的白花蛇，用其制成的药有医治风痹、惊搐、癣癞等功用。李时珍早就研究它，但开始，只从蛇贩子那里观察。内行人提醒他，那是从江南兴国州山里捕来的，不是真的蕲蛇。那么真正的蕲蛇又是什么样子的呢？他请教一位捕蛇的人，那人告诉他说，蕲州那么大，其实只有城北龙峰山上才有真正的蕲蛇。蕲蛇牙尖有剧毒，人被咬伤，要立即截肢，否则就中毒死亡。州官逼着群众冒着生命危险去捉，以便向皇帝进贡这种珍贵药材。李时珍一心想要亲眼观察蕲蛇，于是请捕蛇人带他上了龙峰山上。那里有个狻猊洞，洞周围怪石嶙峋，灌木丛生。缠绕在灌木上的石南藤，举目皆是。蕲蛇喜欢吃石南藤的花叶，所以生活在这一带。李时珍置危险于度外，到处寻找。在捕蛇人的帮助下，他终于亲眼看见了蕲蛇，并看到了捕蛇、制取蛇药的全过程。由于这样深入实际调查过，后来他在《本草纲目》写到白花蛇时，就得心应手，对蕲蛇的形态、捕捉和制作过程作了精准的描述，同时对蕲蛇与外地白花蛇的区别也作了细致的说明。

盛开在《本草纲目》中的一草一木，呈现在《本草纲目》中的一药一物，都凝结着李时珍的无数心血。李时珍研究药物，从不满足于走马观花，而是一一采视，对着实物进行比较核对，从而弄清了许多似是而非、含混不清的药物。用他的话来说，就是“一一采视，颇得其真”，“罗列诸品，反复谛视”。

朴素的实证精神、悲悯众生的情怀，构成了李时珍的思想基础。这是一种中国式的草根思想，扎根泥土，四季芬芳。

李贽：童心可贵

1600年，意大利思想家乔尔达诺·布鲁诺因为宣传日心说，被教廷处以火刑，在罗马的鲜花广场英勇就义。

两年后的1602年，在遥远的东方，也有一位思想家，由于“离经叛道”的言论而成为了殉难者。他的名字叫李贽。

在被捕下狱之前，年过七旬的李贽本已卧病在床，身体十分孱弱。被捕后，主审官根据万历皇帝的意图，要他交代“敢倡乱道”的思想言论问题，卧倒在皇家法庭堂前的李贽淡淡地回答：“我写的书很多，白纸黑字俱在，自信对人心和世道有益无损。”

主审官笑这个老头子太倔强，不复再审，建议皇帝判将李贽递解回原籍监视居住。万历皇帝对此迟迟不作批复。而李贽，在此之前好几年就为自己选择了“荣死诏狱”的最后归宿。万历三十年（1602年）三月十五日，李贽在吩咐侍者为他剃头后取刀自割咽喉，血流遍地，尚未断气。侍者问他“痛否?”李贽以手指蘸血写道：“不痛。”侍者又问：“你为什么要自杀呢?”李贽又写道：“七十老翁何所求!”三月十六日夜子时，李贽在狱中与世长辞。

其实，李贽本来就是一个“不打自招”的思想犯。他一向以孔孟传统儒学的“异端”而自居，在《焚书》《续焚书》《藏书》《续藏书》等一系列著作中，对封建的男尊女卑、假道学、社会腐败、贪官污吏，大加痛斥批判，主张“革故鼎新”，反对思想禁锢。

李贽认为要获得个性解放和思想自由，就必须打破孔孟之道及其变种宋明理学的垄断地位，他还对被封建统治者奉为金科玉律的儒家经典进行抨击，认为儒家经典的六经，如《论语》《孟子》并不都是圣人之言，是经过后人吹捧拔高形成的，不能当做万年不变的真理。李贽首先把斗争的锋芒对准了孔子，认为孔子只是一个普通人，他的话并不都是千古不易之理，不能以他的是非为是非，每一个人都应该自为是非。李贽甚至用讥讽的语气说，孔子没什么了不起的，“耕稼陶渔之人”都有可取之处，又何必一定要去学孔子呢？如果一定要将孔子奉为偶像，言行举动都学孔子，那就是“丑妇之贱态”了。

李贽进而指出，社会上根本不存在高下贵贱的区别。老百姓并不卑下，自有其值得尊敬的地方；侯王贵族并不高贵，也有其卑贱的地方。更加难能可贵的是，李贽反对歧视妇女，当有人说“妇女见短，不堪学道”的时候，他驳斥说，“夫妇人不出阃域，而男子则桑弧蓬矢以射四方，见有长短，不待言也。”也就是说，人们的见识是由各自所处的环境决定的，并不是先天带来的。在为妇女大声叫屈的同时，李贽还把杰出妇女比作孔子周游天下欲访不得的圣贤之人，在那个男尊女卑被视作天经地义的时代，实在是非常大胆的。他还主张婚姻自由，热情歌颂卓文君和司马相如恋爱的故事。

李贽这些惊世骇俗的言论，是以他的童心说为基础的。他认为“童心”是最根本的概念，是万物的本源。什么是“童心”呢？“童心”就是“真心”，最初一念之本心，即不受外界影响的“我”的心。“若失却童心，便失却真心；失却真心，便失却真人。”李贽的这种观点，与陆王学派的“吾心便是宇宙，宇宙便是吾心”、禅宗的“万法尽在自心”是一脉相承的。也正因为人人都有一颗童真之心，在起跑线上是平等的，在人格尊严上是平等的，所以李贽才会说“人皆可以为圣”，所以他才会毫不客气地把孔子等一众尊贵之人统统拉下了神坛。

特立独行的李贽，成为后世思想者的榜样。李敖在《李敖快意恩仇录》里写道：“人物中我偏好‘性格巨星’式，像东方朔、像李贽、像金圣叹、像汪中、像狄阿杰尼斯、像伏尔泰、像斯威

若失却童心，便失却真心；失却真心，便失却真人。

——李　贽

夫特、像萧伯纳、像巴顿将军，我喜欢他们的锋利和那股表现锋利的激情。”

李贽生活的明代万历年间，正如历史学家黄仁宇所言，“传统的政治已经凝固，类似宗教改革或者文艺复兴的新生命无法在这样的环境中孕育。社会环境把个人理智上的自由压缩在极小的限度之内，人的廉洁和诚信，也只能长为灌木，不能形成丛林”。在那样一个思想凝固的时代，在那样一个世故横行的时代，李贽不仅是一位勇士，更是一位天真汉。他那勇敢的天真，在中国思想史上，实在是一缕清新的空气、一丛倔强的灌木、一笔宝贵的财富。他的殉难和布鲁诺一样，都彰显了“异端的孤独与骄傲”。

黄宗羲：万民为上

公元1663年，中国诞生了一部闪耀着民主主义光辉的大书，书名叫做《明夷待访录》。这部书比法国启蒙思想家卢梭的《民约论》整整早100年，被称为世界上最早的“人权宣言”。

这部书的作者名叫黄宗羲。

黄宗羲是明清之际一位杰出的思想家。在《明夷待访录》一书中，黄宗羲提出了具有民主、法治、平等色彩的近代启蒙思想。他认为，人民为主，君为客，君是为人民谋福利的。君主的职分应该是为天下兴共利，除公害；臣子的职分应该是“为天下”，而“非为君”。君臣共同的职分应该是“为万民”，而“非为一姓”、“非为一家”。君主创立的法度应该是“天下之法”，不能成为“一家之法”。

黄宗羲所说的“万民”，是指天下所有的老百姓。对于他们，黄宗羲也有超前的认识。他说：“有生之初，人自私也，人自利也。”也就是，自私自利是人的本性，应当得到充分的尊重。他认为，大众的“私利”聚在一起，就成了真正的“天下大公”。这些主张，是对人民大众的基本权利的肯定，在当时堪称极具颠覆性的思想。

从“万民为上”的精神出发，黄宗羲认为，“万民”是国家的主体。作为政治，未来的政治应该是民主政治；作为教育，未来的教育应当是“万民教育”，国家办教育，绝不能只是为维持

天下之治乱，不在一姓之兴亡，而在于民之忧乐。

——黄宗羲

和巩固一家一姓的统治，也不只是为帝王培养家奴，而是应该为“天下万民”，为“万民”服务。用一句话概括，黄宗羲以非凡的胆识和前所未有的勇气，把“皇帝老儿”请下了似乎天经地义的主人宝座，而把“万民”捧上了这个本该属于他们的位置。

《明夷待访录》从政治、经济、法律、文化、教育等各个方面批评了封建制度，正因为它的内容是如此“火爆”，所以一问世便遭到政府的查禁，在清朝 200 多年的历史上一直被列为禁书。直到清末资产阶级维新运动兴起时，它才得以解禁，并迅速产生了重要的影响。著名的维新派领袖梁启超说：“《明夷待访录》实为刺激青年最有力的兴奋剂。我自己的政治运动，可以说是受这部书的影响最早最深！光绪年间我们一班朋友曾私印了许多送人，作为宣传民主主义的工具。”

黄宗羲是一位文武双全的学者，有着坚硬的风骨。他自幼推崇东林党人，成年后，曾领导“复社”坚持反对宦官的斗争。清兵南下，他募兵成立“世忠营”，武装抗清。明亡后，他曾四处讲学，鼓吹进步思想，后隐居著述，屡拒清廷征召。他一生的著作凡60余种，1300余卷。到了晚年，黄宗羲在学术方面已造诣极深，名望很高，但他仍潜心读书，勤奋治学，毫不松懈。当时有人说他“六十如少壮”。他80多岁高龄时，仍然手不释卷，自己规定一天必须读完的卷数，不读完就不歇息。他有两句诗：“年少鸡鸣方就枕，老年枕上待鸡鸣”，是他一生勤奋治学的真实写照。

黄宗羲这只骄傲的“公鸡”，在专制色彩最为浓厚的东方国度里，唱出了一曲冲决罗网的超强音。可惜，当时他的祖国并未能够站在他思想的翅膀上飞翔。一个世纪后，法兰西民族则站在卢梭、狄德罗、孟德斯鸠等启蒙者的思想翅膀上，实现了辉煌的起飞。

顾炎武：匹夫有责

明末清初，是封建统治最黑暗、社会动荡最强烈、人民也最颠沛流离的时期。但“乱世出英雄”，而这里的“英雄”，也包括思想英雄和文化英雄。

黄宗羲就是一位标准的思想英雄，在他所领导的复社，还有一位后起之秀，那就是顾炎武。顾炎武和前辈黄宗羲一样，不仅有着刚性的思想、刚性的人格，而且文武兼通，决非清谈之士或冬烘先生。当年，青年顾炎武看到明王朝由于宦官弄权、朋党倾轧，正处于崩溃的边缘，他怀着满腔报国之心，参加了复社；清军占领北京和南京后，他又英勇地投身到江南地区抗清复明的斗争中去。这样的知识分子，才能算是“大写的知识分子”。

在顾炎武成长的过程中，有一位女性居功至伟，那就是他的婶婶，也是他的嗣母。嗣母以其东方女性的柔韧和刚强，完成了对于顾炎武的刚性塑造，并使他的刚性变得更有韧度。

由于家庭的缘故，顾炎武很小的时候就被过继给叔叔婶婶为嗣子。叔叔早逝，顾炎武只好由婶婶抚养成人。嗣母出身书香门第，喜欢读书，有学问，对顾炎武十分疼爱，要求也十分严格。聪明的顾炎武在嗣母的悉心教育下，学到了不少的知识，受到了邻居的夸奖，年幼的他不禁有些飘飘然了。嗣母见此情形，便让顾炎武背诵宋代刘基写的《卖柑者言》，然后问：“这篇文章写的是什么意思，你知道吗?”顾炎武说，文章揭露了某些人“金玉其外，败絮其中”，华而不实。嗣母意味深长地说：“如果一个人刚刚有了一点进步就骄傲自满，满足于一知半解，这和‘金玉其外，败絮其中’又有什么区别呢?”顾炎武惭愧地低下了头。从此，顾炎武谦虚谨慎，经过长期的努力，终于成为一代大家。

清军攻陷南京之后，又打到了顾炎武的家乡昆山，大肆屠杀江南人民。顾炎武的嗣母以绝食示志，决心与国家同亡。她粒米不进长达15天以后，终于支撑不住，与世长辞了。临终前，她把顾炎武叫到床前，嘱咐他说：“不要去做异国的臣子，不要辜负世代受到的国家的恩典，不要忘记祖上遗留下来的教导。如果你能这样，我在九泉之下也可以瞑目了。”这一席话，更坚定了顾炎武反清复明的意志。江南人民的抗清斗争失败后，顾炎武流落他乡。在长期颠沛流离的生活中，他牢记嗣母的教育，宁死也不做清朝官吏。清政府屡次征召，他断然拒绝道：“如果一定要逼迫我应召，我只有一死了之。”他还说：“我只有一把短刀，一条长绳，谁要逼我，我就和谁拼命。”有一位大学士写信邀他共事，他回信说：“我的母亲是为国亡绝食而终的，所以别人尽可去应召，我却绝对不可能。”

顾炎武毕生所探究的一个最大问题是：为什么大明王朝会毁于小小的异邦之手？一个知识分子，究竟应该怎样以自己的智慧才学去报效祖国？带着这一问题，他走遍西北、华北地区，进行了大量的社会调查，经过30年的努力，写出了包括《日知录》在内的许多著作，并提炼出一句千古名言：“天下兴亡，匹夫有责。”

正像黄宗羲将“君主”和“万民”加以区分那样，顾炎武也对“天下”和“国家”作了一个区分。他说，“天下”不等于“国家”，亡国和亡天下是两回事。亡国是改朝换代，那是君王大臣们的事，相对来说是“小事”；亡天下则意味着整个民族和文化的沦丧，这才是严重的大事。对此，读书人是不能袖手旁观的。他大声疾呼：“天下兴亡，匹夫有责”，读书人应当肩负起历史的重任，把保卫民族和发展民族文化当做自己伟大的使命。

顾炎武进而指出，读书人应当“博学于文，行己有耻”。“文”是指明道救世，“耻”是指操守气节。意思是读书人如果能以天下为己任，坚持民族气节和做人的气概，那么他的道德文章就会有益于天下，有益于时代，有益于将来。

顾炎武把“国家”置换成“天下”，以此作为文化的主体，与黄宗羲将主体从“君主”置换成“万民”相比，虽然其突破程度要稍微逊色一点，但同样显示了超前的眼光和宽广的视野。

黄宗羲和顾炎武都代表了明末最具创新性的文化因子，从正常的发展轨迹来看，原本可能闯出一条思想新路来。可惜，清人入关之后，从强化统治的需要出发，退回到更加保守、也更加严密的集权专制，从而造成了文化断裂，也彻底切断了黄宗羲们的思想新路。

郑板桥：恻隐是金

恻隐之心，乃是美德的起源。“难得糊涂”的郑板桥，从日常生活中提炼出了一种恻隐哲学，可见他不仅不糊涂，而且对人性的美好有一种清醒的认识。

郑板桥，清代书画家，诗人，著名的“扬州八怪”之一。名燮，字克柔，江苏兴化（今江苏扬州市）人。出生于康熙年间，中过进士，做过山东省范县和潍县的知县。郑板桥为官清正，关心民间疾苦，同情平民，抑制富豪。每当富人和贫民发生诉讼，他尽量帮助贫民打赢官司。每当荒年，他就下令开仓放粮，救济百姓。一次潍县大水灾，他本着爱护人民的热情，不等上司的批准，就拨款救灾，因此得罪了上司，被罢官回家。孟子说过：“无恻隐之心，非人也。”意思是，一个人如果没有同情心，就不配做人。在郑板桥看来，对老百姓没有同情心，就更不配做官。他是因为同情老百姓而被罢官的，虽说有点儿荒唐，但他本人并不觉得有什么遗憾。

郑板桥 52 岁那年才有了一个儿子。儿子长大了要“明理做个好人”，这是郑板桥为自己规定的教育目标。在封建时代，一些富贵人家，尤其是官宦人家的子弟，往往自恃高人一等，盛气凌人，缺乏同情心，看不起劳动人民，有的甚至欺负贫苦人家的子弟。对此，郑板桥保持足够的警惕，绝不能让儿子成为这样的人。儿子长到五六岁时，郑板桥正在外地做官，他生怕家人惯坏孩子，一再给家里写信，提醒他们对孩子要严加“管束”，不可“纵惜”，尤其要注意“长其忠厚之情，驱其残忍之性”。

郑板桥在家信中不厌其烦讲得最多最细的，是这么两类事情：一是要求家人给孩子讲清楚为什么对佣人、仆人的儿女不能欺凌的道理，以及应当怎样正确对待这些佣人、仆人的儿女和其他贫家的儿女。他在家信中说：佣人、仆人的儿女，也是“天地间一般人”，也应当像一般人一样受到尊重、得到爱惜。儿子吃瓜果和糕饼的时候，都别忘了分一份给佣人、仆人的孩子，使大家高高兴兴地在一起吃。如果只是自己的儿子一个人吃好东西，

一竹一兰一石，有节有香有骨，满堂君子之风，万古青苍翠色。一兰一竹一石，有节有香有骨，任他逆风严霜，自有春风消息。 ——郑板桥

让佣人、仆人的孩子在一边看着，一点都吃不到；那么，这些孩子的父母看了会非常难受，会“割心剜肉”一样地把孩子唤走。这样做，时间长了，容易使孩子的心肠变硬，对佣人、仆人的孩子没有同情心，长大了会不懂得平等待人。二是提醒家人，要教育儿子乐于助人。郑板桥在家信中还特别讲到，在儿子的同学中，有一些是“贫家之子，寡妇之儿”，他们因为生活穷苦，“求十数钱”很不容易，想买点学习用品，比如川连纸、仿字簿之类，都很困难。而“纸笔墨砚，吾家所有，宜不时散给诸众同学”，也就是要经常送一些学习用品给家中困难的同学。这样做，可以教育自己的儿子从小就懂得为同学解决困难，养成乐于帮助别人的好品格。

在写给家人的信中，郑板桥还特别抄录了四首小诗，要儿子经常“且读且唱”。这四首小诗是：“二月卖新丝，五月粜新谷。医得眼前疮，剜却心头肉。”“锄禾日当午，汗滴禾下土。谁知盘中餐，粒粒皆辛苦。”“昨日入城市，归来泪满巾。遍身罗绮者，不是养蚕人。”“九九八十一，穷汉受罪毕。才得放脚眠，蚊虫虼蚤出。”这四首五言绝句，都是著名的悯农诗。尽管郑板桥说他抄写这几首诗的目的只是让儿子在妈妈、叔叔婶婶面前边读边唱，“好骗果子吃”；但明眼人一看就知道，郑板桥的真正用意，是让儿子从艺术陶冶中受到启迪，培养同情劳动人民的感情。

郑板桥曾经写过一张条幅，叫做“难得糊涂”。以“糊涂”自居的郑板桥，在教育儿子的问题上，他不仅不“糊涂”，反而表现出“难得”的清醒。孟子还说过：“恻隐之心，仁之端也。”意思是，同情心是仁义的开端。要让儿子成为一个讲仁义的好人，首先从培养他的同情心开始，正是郑板桥最清醒也最值得称道的地方。

郑板桥的恻隐哲学，就像一朵开在思想史角落里的小花，与那些宏大硬朗的思想体系相比，有一种别样的柔软和温暖。

龚自珍：病梅悲歌

有两种思想家，一种是有诗心的思想家，另一种是有匠心的思想家。

有诗心的思想家，在很多时候，是带着意象来思考的，这使得他们的思维更有跳跃性和突破性，同时也更加幽远和优美。正如落下的苹果之于牛顿万有引力定律，变形的时钟之于爱因斯坦相对论一样。

整个清代，显学是对于儒家经典的注释和考据，是所谓"我注六经"。就在一批批思想工匠乐此不疲的时候，有一位诗心思想家横空出世，成就了一段思想史上的传奇。

这个人叫龚自珍。他出身于世代官宦学者之家，最初接受的是以戴震、段玉裁、王念孙、王引之为代表的正统派考据学。但他冲出考据学的藩篱，不为家学和时代学风所囿，带着鲜明的豪气和鲜活的意象思考，从而也带来了无穷的活力。

他所拈出的第一个意象是"病梅"，在《病梅馆记》中他写道：江宁的龙蟠里，苏州的邓尉山，杭州的西溪，都出产梅。有人说："梅以枝干弯曲为美，笔直了就没有风姿；以枝干倾斜为美，端正了就没有景致；以枝干疏朗为美，稠密了就没有姿态。"文人画士心里就是这样的想法，但又不便公开宣告，大声疾呼用这个标准来约束天下的梅。于是就有人把文人墨客隐藏在心中的特别嗜好明白地告诉卖梅的人，使他们砍掉端正的枝干，培养倾斜的侧枝，除去繁密的枝干，伤害它的嫩枝，锄掉笔直的枝干，阻碍它的生机，用这样的方法来谋求高价。这样一来，江苏、浙江的梅都成病态了。文人画士所造成的祸害竟惨烈到了这个地步啊！

当然，真正有病的不是梅，而是人，是封建重压之下的知识分子。最可悲的是，病人还不自知，还在被人戏耍和自我赏玩中自得其乐，就像对于三寸金莲的迷恋与自我陶醉一样。

畸形的人才层层堆积，最终形成了畸形的文化。大家一起沉浸其中，是非颠倒而浑然不觉。龚自珍早在 1814 年就写下四篇《明良论》，第一次明快地表露了自己的政治见解，对君权专制进行抨击。他指出，腐败的原因首先在于皇帝视臣下如犬马、奴才，使大臣不知廉耻，只知朝夕长跪，只知追求车马、服饰，以言辞取媚君上。在这种制度下，"官愈久则气愈偷，望愈崇则谄愈固，地愈近则媚益工"。

入骨三分的针砭，令他的外祖父段玉裁阅后又惊又喜，欣然加墨批点："四论皆古方也，而中今病，岂必别制一新方哉?"还欣慰地说："犹见此才而死，吾不憾矣！"段玉裁是清代首屈一指的经学家和语言学家，属于匠心一派，但也为诗心思想家大大倾倒。

龚自珍认为，必须把扭曲了的人才观再重新扭转过来，因此他发出了这样的呐喊：

九州生气恃风雷，万马齐喑究可哀。

我劝天公重抖擞，不拘一格降人才。

万马齐喑，是封建专制和思想钳制的必然结果，要重现生气，再激风雷，唯有打破束缚，不拘一格。这首诗控诉了清朝封建统治者束缚人们思想、压抑摧残人才的行径，表达了龚自珍追求个性解放，要求改革政治、打破严酷的思想统治的强烈愿望。

但在当时的环境下，龚自珍的愿望自然难以实现。他的笔下，经常会出现"剑"与"箫"的意象。这两个意象本来都是潇洒精神的载体，但在那样的时世，却再也洒脱狂放不起来。"气塞西北何人剑，声满东南几处箫”，是他在为边塞形势担忧，感慨仗剑报国的志士无多，更缺少知音的同志；“一箫一剑平生意，负尽狂名十五年”，是他在悲叹自己的志向抱负不能实现，苦闷难消；“少年击剑更吹箫，剑气箫心一例消”，则是他面对萧索暗淡的现实，只能在梦回少年之际找寻曾经的剑气和箫心。

浩荡离愁白日斜，吟鞭东指即天涯。
落红不是无情物，化作春泥更护花。

“春泥”是龚自珍所苦心经营的另一个意象，当50岁的他英年早逝之后，这一意象同时也送给了他自己。那些思想先驱纵然已经凋零，但他们作为春泥，护佑着新的嫩芽的成长。

严复：适者生存

庚子事变之后，清政府同 11 个帝国主义国家签订了丧权辱国的《辛丑条约》，中国开始一步步滑向殖民地的深渊。在这民族危难深重的紧要关头，每一个有爱国心的中国人，都在这样问着自己：中国是真的要灭亡了呢，还是可以重新强大起来？

就在这时，一本及时出版的译著《天演论》回答了这个问题。它告诉人们："物竞天择，适者生存"，自然界的生物是在相互竞争中发展进化的。人类社会也遵循同样的规律，"人为天演中之一境，一边演化一边进步，未来也是这样，世道必进，后胜于今"。由此可见，落后了不要紧，只要奋发图强，国家就可以进步和强大起来，民族就可以永远屹立于世界之林。

《天演论》否定了笼罩中国思想界长达两千多年的"天不变道亦不变"的儒家思想，肯定了世界是在不断进步的观点。这极大地激发起中国人"救亡图存"的雄心壮志。"物竞天择，适者生存"，也很快成为社会上最流行的口头禅，有些人甚至还用"竞存"、"择天"等作为自己或儿女的名字。就是在若干年后，胡适、鲁迅、毛泽东仍然怀着激动的心情，谈到《天演论》对自己的影响，并对该书的译者严复表示深深的敬意。严复也正是随着这本书的传播而誉满天下。

严复出身于福建侯官的一个儒医家庭。他 14 岁考入福建马江船政学堂，毕业后被派到军舰上实习。25 岁那年他去英国留学，穿上了格林尼治海军大学的学生制服。留学期间，严复把几乎所有的课余时间都花在图书馆里，连节假日也从不间断，图书馆的管理员都记住了这位勤奋的中国青年。短短两年，严复阅读了大量西方近代大思想家的著作，这为他后来介绍西方思想打下了基础。

回国后，严复历任福州船政学堂教习，北洋水师学堂教务长、校长，京师大学堂校长，同时，还自办或与人合办了天津俄文馆、北京通艺学堂、上海复旦公学（复旦大学前身）。在从事教育工作的过程中，严复逐渐认识到，要在中国这样一个封建社会兴办资产阶级教育，首先必须改变人们的观念。所以严复大力提倡和宣传西方文明，并着手翻译西方大思想家的著作，成为中国有系统地译介西方学术名著的第一人。除赫胥黎的《天演论》外，他还翻译出版了《穆勒名学》《群己权界论》《原富》《法意》《群学肄言》《社会通诠》等。这一本本译著，宛若块块巨石投进沉寂的湖水，激起层层浪花。它们冲击了封建落后思想，对中国社会产生了很大的影响。当时的青年学子，无不把严复的译著捧在手中，日夜研读，废寝忘食；而那些并未领会书中深意的人，也经常把“宗法”、“军国”之类的字眼挂在嘴边。

总的说来，严复传播西学主要集中在三个方面，那就是：提倡科学和科学方法，推崇资产阶级民主，宣传学习和掌握外语的重要性。他认为，自然科学是其他科学的基础，而中国古代自然科学不发达，也缺乏自然科学的教育。所以严复主张中国今后的教育重点应该放在科学特别是自然科学上。只有重视科学技术，才能促进经济的发展。当时留学生出洋，争着学法律、政治、理财之类的科目，为的是回国能做官发财；而医药、制造、动植物学，学的人却寥寥无几。严复认为这样做，不利于为国家培养各方面人才，于是他写信给留学美国的侄子，鼓动侄儿学医。在大力传播西方科学思想和民主、自由、民权观念同时，他还深深体会到：要尽快掌握西学，必须先学好外文。他自编一本《英文汉诂》，供初学外语者使用，结果大受欢迎，再版了 20 多次。

物竞天择，适者生存。 ——严 复

严复晚年变成一个复古主义者，还曾投靠过“窃国大盗”袁世凯，可谓晚节不保。现在我们重温他在天演论里的名言：“世道必进，后胜于今”，不由得感叹他思想的车轮最终碾过了自己保守甚至退缩的身躯。

孙中山：天下为公

到过南京中山陵或南京长江路原民国总统府的人，可以看到孙中山手书的宽博、浑厚的“天下为公”四字。据统计，在孙中山的题词中，有受主姓氏的“天下为公”就达32件。其中有赠冯玉祥的，有赠张学良的。“天下为公”这四个字，正是这位中国民主革命先驱者奋斗一生的理想。

1879年，13岁的孙中山随母亲乘轮船到檀香山去找他大哥孙眉。他们乘坐的是一艘名为“格兰诺克”号的两千吨级的英国铁壳轮船。在轮船的甲板上望着浩瀚的大海，“始见轮船之奇，沧海之阔；自是有慕西学之心，穷天地之想”。自此，孙中山感受到机器的威力和西洋科技的发达。

抵达檀香山后，孙中山进入教会学校学习，第一次接触到西方科学技术和社会学说，大大开阔了视野。几年以后，孙中山随母亲回国，先后就读于广州和香港的医学院。毕业后成为一位医生，在澳门、广州等地行医。他医术精湛，医德高尚，对穷苦病人还实行免费，行医“不满三个月，声名鹊起”。但是，在接触社会的过程中，孙中山认识到：中国几千年的封建专制统治，是造成中国人民饥寒交迫、穷困潦倒的根源，是中国社会百孔千疮、病入膏肓的症结。“医国”比“医人”更迫切，更重要。于是，他毅然弃医从政，走上了救国救民的道路。

甲午战争前夕，孙中山上书李鸿章，在这封长达8000多字的信稿中，孙中山提出：中国要富强，必须“人能尽其才，地能尽其利，物能尽其用，货能畅其流”。然而，上书如石沉大海，毫无结果。孙中山面见李鸿章的要求也遭到拒绝。这使孙中山清醒地认识到：通过上书、求见的方法来实现改良政治，那只是一种幻想。社会的痼疾仅靠保守治疗是行不通的，必须动大手术才能根治。从此之后，孙中山走上了一条推翻封建专制制度、建立资产阶级民主共和国的革命道路。经过十多年的浴血奋战，清王朝终于土崩瓦解，中华民国宣告成立，孙中山被选举为临时大总统。

早在1905年，孙中山就在同盟会机关报《民报》发刊词中，提出了“民族”、“民权”、“民生”的三民主义。到了1924年，孙中山在题为《三民主义》的著名演说中，谈到“真正的三民主义，就是孔子所希望之大同世界”。孔子向往的“大同”世界，是指《礼记》一书中《礼运》篇所描述的理想社会：“大道之行也，天下为公。”“天下为公”的“公”字，按照东汉经学家郑玄的解释，就是“共”的意思。“天下为公”，也就是说，天下是全天下人共有的天下。当然，与儒家相比，孙中山所标举的“天下为公”蕴含着更深、更广的内容。他说：“我们三民主义的意思，就是民有、民治、民享。这个民有、民治、民享的意思，就是国家是人民所共有，政治是人民所共管，利益是人民所共享。”从中可以看出，孙中山的思想是与法国大革命、美国《独立宣言》所倡导的自由、民主、平等精神一脉相承的。

然而，在中国这样一个饱受封建专制思想毒害的社会实现民有、民治、民享，又是多么艰难！有一个故事很能说明问题。那是孙中山当了临时大总统后，有一次，他身穿便服，到参议院出席一个重要会议。大门前执勤的卫兵，见来人衣着简单，便拦住他，并厉声叫道：“今天有重要会议，只有大总统和议员们才能进去，你这个大胆的人要进去干什么？快走！快走！否则，大总统看见了会动怒，一定会惩罚你的！”孙中山听罢，不禁笑了，反问道：“你怎么知道大总统会生气呢？”一边说着，一边出示了自己的证件。卫兵一看证件，才知道这个普通着装的人竟是大总统。惊恐之下，卫兵扑倒在地，连连请罪。孙中山急忙扶卫兵起身，并幽默地说："你不要害怕，我不会打你的。"

这一方面反映了孙中山的平等作风，另一方面也反映出中国人身上还有许多奴性的积习，反专制任务是何等艰巨。孙中山自然是清醒地看到了这一点，所以他 1925 年临终前，留下的遗言是："革命尚未成功，同志仍须努力！"

梁启超：呼唤新民

梁启超最著名的文字是《少年中国说》，读来让人血脉贲张。若要论“少年中国”最好的形象代言人，其实正是他自己。

梁启超很小的时候就擅长作诗著文，12 岁考取秀才，17 岁中了举人，称得上是少年得志。当时康有为在广州从事讲学，宣扬维新思想，名气很大。同治九年（1870 年）八月的一天，梁启超在好友的陪同下去拜访康有为。梁启超年纪轻轻就中了举，而且通晓帖括、训诂、词章等旧学，很有点沾沾自喜。但这些学问全被康有为斥为无用，批驳得体无完肤，梁启超当时的感觉，就像是“冷水浇背，当头一棒”，仿佛一下子失去了依靠，茫然不知所措，回到家一夜都没睡好觉。他完全被康有为的思想和胆识征服了，于是毅然拜康有为为师。在康有为的引导下，梁启超开始学习西方社会学和自然科学知识，从一个封建士子转变为倡导变法的维新志士。

光绪二十年（1894 年），梁启超与康有为一起来到北京，开始为变法救国而奔走呼号。无论是“公车上书”，还是组织强学会，他都是康有为的得力助手。大小活动，都能见到他那不知疲倦的身影。光绪二十二年（1896 年），梁启超在上海创办《时务报》，并担任主笔。他的文章，语言通俗流畅，内容切中时弊，由于“笔锋常带情感”，所以最能打动人心。从都市到乡村，各个阶层的读者无不被文章闪烁的维新思想所感动。《时务报》风

法者，天下之公器也；变者，天下之公理也。

——梁启超

行海内，也为梁启超赢得了广泛的声誉。

此时的梁启超已经成为维新运动的领袖，与老师康有为并称“康梁”。戊戌变法失败之后，梁启超流亡日本，继续开展政治宣传。他创办的《清议报》和《新民丛报》虽然遭到清政府的明令禁止，但每期的发行量都在1万份以上。辛亥革命后，康有为成了保皇党，梁启超却已不是昔日的改良派，与他渐行渐远。不久袁世凯宣布称帝，梁启超对此十分反感，在欧美的游历和对西方各国历史的学习给他一种印象，称帝者必亡。于是长于雄文的梁启超写出一篇《异哉所谓国体问题者》，袁世凯得到消息，派人送来一张20万元银票，给梁启超的父亲祝寿，交换条件是这篇文章不得发表。梁启超将银票退回。袁世凯再派人对梁启超说，梁先生也曾经在海外流亡十几年，其中的苦头不是不知道，何必再自寻苦吃？梁启超回答说，我这个人疲于奔命的逃亡经验已经很充足了，我宁肯选择逃亡也不愿意在污浊空气中生存。

中年之后的梁启超逐渐脱离政界，开始专心从事教育事业和学术活动。他先后在南开大学、清华大学、东南大学任教，并曾任北京图书馆馆长。他还经常应各地学术界的邀请进行巡回演讲，所到之处无不受到热烈欢迎。演讲现场则是人山人海、水泄不通，场面非常壮观。他演讲时情绪极为活跃，讲到兴奋处，手舞足蹈；讲到伤心处，黯然泪下。台下听众的情绪也随之大起大落。他演讲的感染力，可想而知。甚至有的青年学子听了他一次讲学，就改变了整个人生的道路。梁启超在当时被尊为“青年导师”，是当之无愧的。

梁启超认为：“法者，天下之公器也；变者，天下之公理也。”他曾形象地把国家比作一个完整的人，而把国民比作是人身上的四肢、五脏和血脉。“欲维新吾国，当先维新吾民”，只有先对国民进行思想启蒙，培养起国民的自治能力和政治素质，才能建立起一个自由、平等、独立的新型国家。这就是著名的“新民说”。在梁启超看来，中国人的品格有四大缺点：一是爱国心薄弱；二是独立性柔脆；三是公共心缺乏；四是自治力欠缺。这是说中国人缺乏国家观念，只知道有皇帝和朝廷而不知道有国家；或者仅仅把国家当做是君主的国家，不具备权利和义务的思想。所以“新民”的目的是要使国民具备国家观念、进取精神以及自由、自治、自尊、合群、毅力、尚武等品质，成为中西兼通的一代新人。

梁启超一生笔耕不辍、著作等身。他平均每年写作近 40 万字，一生总共写作 1400 多万字，这在中国近代著作家中是绝无仅有的。其著述的范围涉及哲学、文学艺术、社会科学、地理、历史和教育，几乎无所不包。虽然梁启超的思想并不特别深邃、精微，但他却是中国近代史上具有特殊影响力和感召力的人物。多少人受他启蒙，才知道中国以外还有五大洲，还有先进得多的科学与文化，在放眼世界的同时增强了振兴中华的勇气。就是在今天，我们再读包括《少年中国说》在内的梁式文字，仍能感到字里行间跳动着一颗火热的心，仿佛青春的身影从未离开。

梁启超自谓：我一生的思想是爱国，我一贯的主张是救国。——何曾有变?！正如知其心意者感言：“其方法虽变，然其所以爱国者未尝变也。”看来，正是愈来愈深沉的爱国心，使他青春永驻，成为“不老的少年”。

鲁迅：梦里野草

在近现代文化史上，鲁迅为什么不可超越？

因为在近现代思想家中，鲁迅是最有文采的一位，在所有的近现代文学家中，鲁迅又是最有深度的一位。这就决定了他的不可超越。打个比方，鲁迅是一只蝙蝠，但不是那种在鸟和兽之间“占便宜”的寓言角色，而是同时具有了鸟的轻灵高妙和兽的坚韧锐利。

鲁迅也是用意象来思考的大家，而且他所经营的意象，是更加复杂和深刻的。《狂人日记》揭露了封建文化“吃人”的本质，《阿Q正传》探讨了中国人的劣根性，《祝福》又让人们对这种劣根性产生了“哀其不幸，怒其不争”的强烈感受。这些由意象点燃的思想火花，都长久地照亮了20世纪中国的文化星空。

在鲁迅的所有著作中，《野草》是最薄的一本，但也是最深邃、最优美的一本，仿佛那在黑夜中回旋的蝙蝠，以呕心沥血的劳作，从思想的梦里采来一株株野草，装饰成一座有着梦幻气息的令人神往的神秘园。

园子里充满了许多奇异的忧伤的幻灭的景象。比如《死火》中这样写道：

我梦见自己在冰山间奔驰，这是高大的冰山。上接冰天，天上冻云弥漫，片片如鱼鳞模样。山麓有冰树林，枝叶都如松杉。一切冰冷，一切青白。

但我忽然坠在冰谷中。

上下四旁无不冰冷，青白。而一切青白冰上，却有红影无数，纠结如珊瑚网。我俯看脚下，有火焰在。这是死火。有炎炎的形，但毫不摇动，全体冰结，像珊瑚枝；尖端还有凝固的黑烟，疑这才从火宅中出，所以枯焦。这样，映在冰的四壁，而且互相反映，化为无量数影，使这冰谷，成红珊瑚色。

……

这一段描写正是20世纪二三十年代中国的写照。当时的中国仍然处于动荡之中，专制统治的重压依旧存在，当权者仍然在不停地实行白色恐怖，许多人看不到前路。并不是所有的人都有勇气正视这血淋淋的真实，而鲁迅却在黑暗的重压之下，爆发出惊人的力量。他敢于直面杀人的刽子手，对他们进行无情的口诛笔伐。在艰苦的求索中，他也曾彷徨过，失落过，但终究是在斗争着的。

不仅现实如此，其实在鲁迅看来，人类的历史、中国的历史、本世纪的历史，都充满了血腥气。所以他说："没一处没有名目；没一处没有地主；没一处没有驱逐和牢笼；没一处没有皮面的笑容；没一处没有眶外的眼泪。我憎恶他们，我不回转去。"鲁迅厌恶这样的旧世界，希望有一把火将之烧得干干净净。

"绝不回去"意味着要向前走，那么前方是什么呢？《野草》里的《过客》一文，对此展开了哲学讨论。文中有三个人物：过客、老人、小女孩。过客黑须，乱发，着黑色短衣裤，从还能记事的时候起，就一刻不停地往前走。老人问他："你是怎么称呼的？"他回答说："我不知道。"老人再问他："你是从哪里来的呢？"他回答说："我不知道。"老人问他："你到哪里去？"他依然回答："我不知道。"这些对话意味深长。人既不知道自己的来处——他是被自己不能把握的力量抛到人世间的；人也不知道自己的去处——他是无所归宿的存在。

至于"前方是什么"，小女孩说"前面是花园"，小女孩是天真的理想主义者；老人则说"前面不过是坟"，老人是现实的悲观主义者，但显然老人的判断更接近真实。可确定了"前方是坟"以后，仍有两种态度，老人和过客的态度，老人认为既然前面注定了是坟墓，人的奋斗就没有了意义，不如趁早休息；过客

我自己是什么也不怕的，生命是我自己的东西，所以我不妨大步地走去。向着我自以为可以去的路，即使前面是深渊、是荆棘、是峡谷、是火坑，都由我自己负责。——鲁　迅

则表示，尽管明知道前面是坟墓，奋斗没有好结果，但仍然要往前走，他觉得前面有一种“声音”一直在呼唤着自己。过客的态度，也是鲁迅自己的选择。

一言以蔽之，《过客》的价值不在于它的最终结果，而在于它的寻求人生道路的过程；不在于它回答最后会走到哪里去，而在于这种走的本身，就是一种充满价值的选择。

在写完《过客》后两个月，鲁迅在《华盖集·北京通信》里说出了自己的心声，他说：“我自己是什么也不怕的，生命是我自己的东西，所以我不妨大步地走去。向着我自以为可以去的路，即使前面是深渊、是荆棘、是峡谷、是火坑，都由我自己负责。”这段话，集中体现了鲁迅对于绝望的反抗和他的“韧的战斗精神”。

这也正是《野草》的魅力所在。当你走进去之后，或许会感到悲伤、孤独和迷茫，甚至会绝望，但最终会觅得无数光亮，获得无限勇气。这时你再回头来看野草园，会发现先生正在不远处微笑，那微笑中，分明含着欣喜和鼓励，欣喜的是你领悟了人生的真谛，同时鼓励你继续将自己的人生之路独立地走下去。

正如鲁迅先生所说：“这世上本没有路，走的人多了，也便成了路。”

胡适：无限清明

1909年9月，美国纽约州的康奈尔大学，来了一位清秀的中国少年。他是农学院的新生，名叫胡适。他是在宣统二年考取庚子赔款奖学金留美的，因家道中落，美国的农学院可以免学费，故学农以节省学费接济家庭。

农学院的学生自然要实习洗马、套车、驾车等，还要下玉米田。胡适对这些还都有兴趣，也可应付，可是到了给苹果分类时，胡适却大伤脑筋。30多种苹果，对于农家出身的学生来说，二三十分钟就可分门别类，弄得一清二楚；而胡适花了两个半小时，却只能分辨出20种，真是让他十分烦恼。

既被苹果难倒，自知不是学农的料子，胡适便转学历史、文学，后来又进入哥伦比亚大学，投在大名鼎鼎的杜威博士门下学习哲学。学成回国之后，受北京大学校长蔡元培的邀请，担任文科教授。

有人说，正是那品种繁多的苹果，使中国少了一位农学家，却多了一位思想家、文学家、历史学家和教育家。

北京大学是新文化运动最重要的阵地，而蔡元培则是当时最有眼光的教育家。在封建专制思想仍然笼罩着思想界的五四前夕，他大力提倡“思想自由”、“兼容并包”，主张不论何种学派，只要能“言之成理，持之有故”，都可以在大学讲坛上占有一席之地，让它们自由发展。这就为新思想和新文化的传播开辟了道路。

胡适后来也担任了北京大学校长，并且将蔡元培的“自由”、

“包容”思想发扬光大。他始终秉持民主、科学、进取的精神，成为自由主义的一面旗帜，对中国现代新思想的形成和发展起到了积极的促进作用。

五四新文化运动号召打倒“孔家店”，对儒家强调的“三纲五常”思想进行了猛烈的批判。这其中胡适发出的声音并不激越高亢，但非常理性客观。他指出：“‘三纲五常’的话，古人认为是真理，因为这种话在古时宗法社会很有点用处。但现在时势变了，国体变了……古时的天经地义现在变成废话了。”胡适认识到，“只有向前走是有希望的，开倒车是不会成功的”。中国只有通过科学和民主的启蒙思想运动，对传统意识形态、皇权专制制度和落后的生产方式进行彻底的批判和否定，才能够获得新生。

胡适反对“中体西用”式的“中国本位”论，坚持“一心一意的现代化”和“充分世界化”的立场。对于传统的旧文化、旧思想、旧制度，他主张以“批判的态度”进行清理，使之融合进20世纪现代世界的新文明的大潮流中去，用他的话来说就是：“研究问题，输入学理，整理国故，再造文明。”对于传统的旧伦理、旧道德、旧人格，他主张以“健全的个人主义”进行改造，从而培育起“个性解放、独立人格、精神自由”这样一种新的信仰，达到使中国人走进“现代”的目的。

胡适是具有独立思想的人，他一生追求自由、民主，主张独立思考，他深刻地体会到，中国最需要的是自由的品格和独立的思想。在《介绍我自己的思想》中，他要求青年铸造“自由独立的人格”，“自由平等的国家不是一群奴才建造得起来的！”他告诫人们：“菩提达摩东来，只要寻一个不受人惑的人”，我们就是要“努力做一个不受人惑的人”。他常说：“不思想的心理习惯是我们最大的敌人。”

“容忍比自由还更重要”，是胡适的另一句名言。因为没有容忍，就没有自由，社会要自由，就需要“容忍”。胡适一生，誉满天下，也谤满天下。说他好的，说他坏的，都到了极致。胡适当然爱惜名誉，但是他似乎更能容忍“毁谤”。他说：“有高度修养的人，才能有自省的功夫；能够自省，才能平心静气地听别人的话，了解别人的话。了解别人的话，乃是民主政治最基本的条件。”他还说：“人家骂我的话，我统统都记不起了，并且要把它忘记得更快更好！”这是一种怎样的胸襟呢？“容忍”并非懦弱，而是人性的善良；并非退让，而是人生的境界。

胡适平生最爱写的对联是：“大胆的假设，小心的求证；认真的做事，严肃的做人。”和其他的许多话一样，这两句话也不是说说而已，或者是光用来教训别人，而是自己率先垂范，落实到自己的行动中去。

这就是胡适先生，一个清正、明朗、温润、渊博的学者。他就像一潭池水，水很深，但又很透明。他既有东方君子的谦谦风范，又有西方绅士的朗朗风采。他就像一棵在东西方文化交汇中生长的一棵苹果树，根扎在东方的土壤上，枝叶却呼吸着西方的空气。果实无限芬芳，景象无限清明。

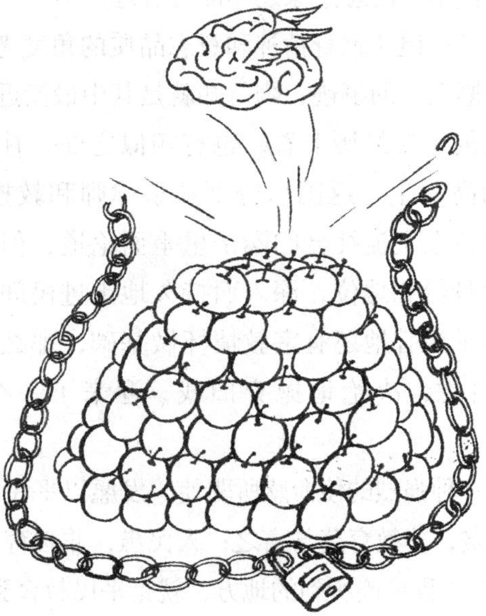

不思想的心理习惯是我们最大的敌人。

——胡　适

陶行知：人生一事

圣雄甘地去世后，爱因斯坦感叹道："世间很难想象世上曾经走过这样一位血肉之躯。"这是因为，甘地"非暴力不合作"的政治理念和宗教般的献身精神，都具有超拔于世、震撼人心的力量，所以才获得了爱因斯坦这么高的评价。

那么，现代中国有没有自己的甘地呢？或许从思想境界和文化格局上看，现代中国的思想家还不能与甘地匹敌，对整个世界的影响力也稍逊一筹；但从献身精神和意志品质的角度考量，中国思想家同样有着震撼人心的事迹，陶行知就是其中最接近甘地的一位。

从两个人的主要经历上看，也有相似之处。甘地和陶行知都是留学英美的高材生，返国后分别从事律师和教授的高等职业。他们本来可以待在上流社会的圈子里坐而论道，但两个人都毅然放弃了尊贵的身份和地位，深入而持久地走进民间，为最广泛的大众服务。如果说甘地还有宗教情怀做基础，那么陶行知完全是彻底的人生自觉，决绝地抛弃旧我，迎来了一个无比灿烂的新我。

陶行知被一种强烈的使命感所驱使，发愿以平民教育普度众生，他认为"人民贫，非教育莫与富之；人民愚，非教育莫与智之"，因此立下宏愿："凡我足迹所到的地方，就是平民教育到的地方，……要叫黑暗的地方大放光。"他在给妹妹的信中写道："我们生在此时，有一定的使命。这使命就是运用我们全副精神，来挽回国家的厄运，并创造一个可以安居乐业的社会交与后代，这是我们对于千万年来祖宗先烈的责任，也是我们对于亿万年后子子孙孙的责任。”

在1922—1925年间，为推广平民教育运动，陶行知公而忘家，逢年过节往往都在旅途之中。“上车过旧年，下车过新年。年年车上过，也算是过年。”这首他自己写的小诗《车上过年》，表达了一种苦中作乐的情怀。

此后，陶行知又把目标对准中国平民中最广大的群体——农民，他下决心要筹集一百万元基金，征集一百万位同志，提倡一百万所学校，改造一百万个乡村，“一心一德为中国乡村开创一个新生命”。

1926年底，陶行知下乡。他下乡三次，换过三套衣服：第一次穿的是西装革履，农民看见了不敢接近；第二次穿的是长衫马褂，农民看了认为是国民党的官员来了，也不敢接近；第三次换上了毡帽、蓝棉短袄、扎裤脚和老布鞋，农民才把他当做自己人。陶行知于是决定在南京神策门外老山脚下的小庄创办乡村师范学校。

1927年2月举行学校奠基礼，陶行知宣布改老山为劳山，改小庄为晓庄，意为在劳力上劳心，日出而作。晓庄师范开办之初根本没有校舍，用陶行知自己的话说，校舍上面盖的是青天，下面踏的是大地。他认为这是世界上最伟大的学校，要师生们以宇宙为学校，奉万物作宗师，求得丰富的教育。在校舍没盖成之前，大家或住帐篷露营，或借宿农民家中。陶行知就曾借住在一农家牛房之中，和“牛大哥”同睡，还打趣说“一闻牛粪诗百篇”。

抗战期间，陶行知又在重庆创办了育才小学，专门收容和教育战时难童。其中的艰苦可想而知，而陶行知同样是日夜操劳、鞠躬尽瘁。一天，身为校长的陶行知在校园看到男生王友用泥块砸自己班上的男生，当即斥止了他，并令他放学时到校长室里去。放学后，陶行知来到校长室，王友已经等在门口准备挨训了。可一见面，陶行知却掏出一块糖果送给他，并说：“这是奖给你的，因为你按时来到这里，而我却迟到了。”王友惊疑地接过糖果。接着，陶行知又掏出一块糖果放到他手里，说：“这块糖也是奖给你的，因为当我不让你再打人时，你立即就住手了，这说明你很尊重我，我应该奖你。”王友更惊疑了，他眼睛睁得大大的。陶行知又掏出第三块糖果

捧着一颗心来，不带半根草去。 ——陶行知

塞到王友手里，说："我调查过了，你用泥块砸那些男生，是因为他们不守游戏规则，欺负女生；你砸他们，说明你很正直善良，有跟坏人作斗争的勇气，应该奖励你啊！"王友感动极了，他流着眼泪后悔地说道："陶……陶校长，你……你打我两下吧！我错了，我砸的不是坏人，而是自己的同学呀！"陶行知满意地笑了，他随即掏出第四块糖果递过去，说："为你正确地认识错误，我再奖给你一块糖果，可惜我只有这一块糖了，我的糖完了，我看我们的谈话也该完了吧！"说完，就走出了校长室。

这种对于中国平民、中国农民、中国儿童的无限热爱，贯穿了陶行知的一生。由于长期奔忙、积劳成疾，1946 年 7 月 25 日陶行知因突发脑溢血去世，年仅 55 岁。

爱因斯坦在悼念居里夫人的时候这样说过："第一流人物对于时代和历史进程的意义，在道德品质方面，也许比单纯的才智成就方面还要大，即使是后者，它们取决于品格的程度，也许超过通常所认为的那样。"这句话也同样适用于甘地，适用于陶行知。

陶行知生前写过一首诗："人生天地间，各自有禀赋。为一大事来，做一大事去。多少白发翁，蹉跎悔歧路。寄语少年人，莫将少年误。"陶行知本人的行迹，正是"为一大事来，做一大事去"的最好注脚。